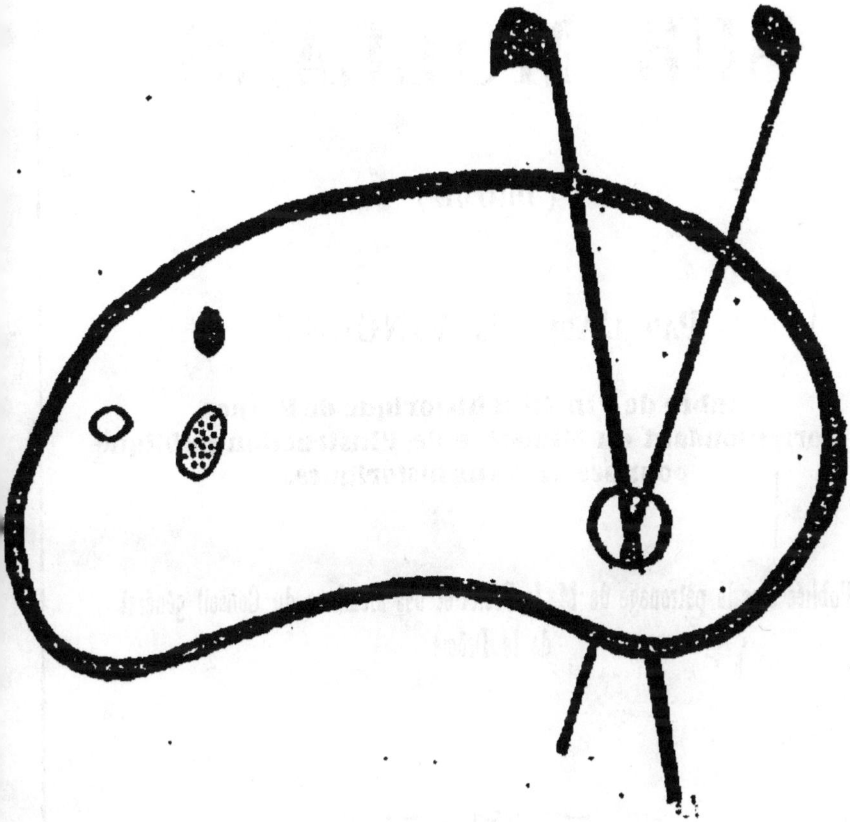

DEBUT D'UNE SERIE DE DOCUMENTS EN COULEUR

NOTICE HISTORIQUE

SUR MOLLANS

(DRÔME)

Par l'Abbé A. VINCENT

Membre de l'Institut historique de France
et Correspondant du Ministère de l'Instruction publique
pour ses Travaux historiques.

Publiée sous le patronage de M. le Préfet et des Membres du Conseil général
de la Drôme.

VALENCE
IMPRIMERIE E. MARC AUREL
RUE DE L'UNIVERSITÉ, 9

1860

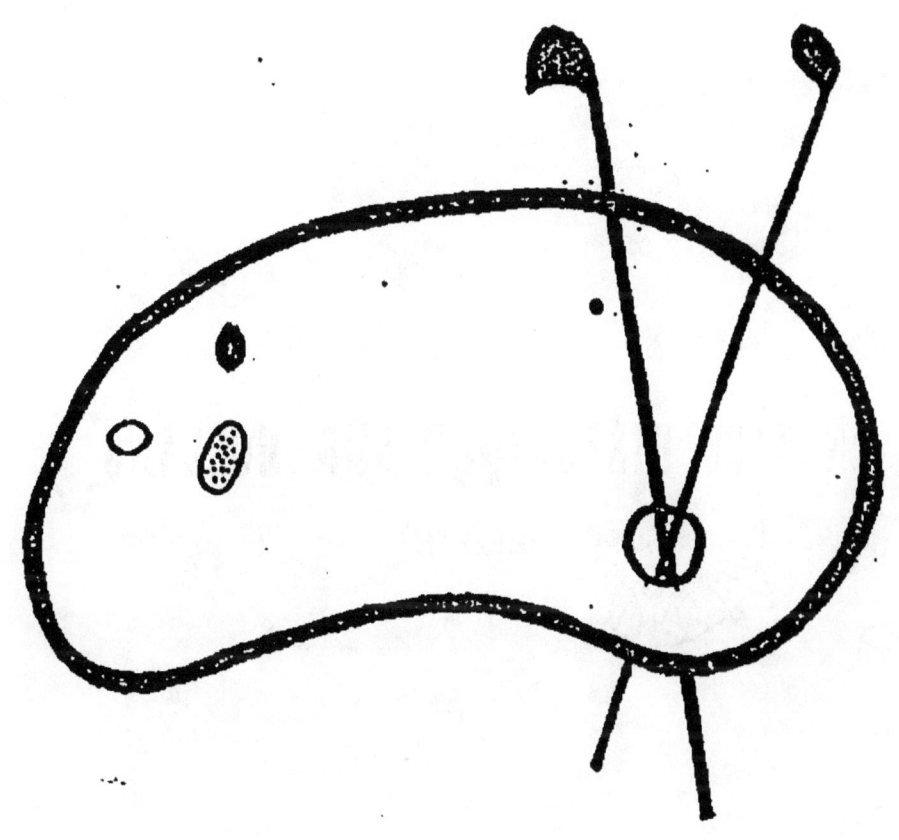

**FIN D'UNE SERIE DE DOCUMENTS
EN COULEUR**

NOTICE HISTORIQUE SUR MOLLANS
(DRÔME)

NOTICE HISTORIQUE

SUR MOLLANS

(DRÔME)

Par l'Abbé A. VINCENT

Membre de l'Institut historique de France
et Correspondant du Ministère de l'Instruction publique
pour ses Travaux historiques.

Publié sous le patronage de M. le Préfet et des Membres du Conseil général
de la Drôme

VALENCE
IMPRIMERIE E. MARC AUREL
RUE DE L'UNIVERSITÉ, 9

1860

NOTICE HISTORIQUE SUR MOLLANS

De longs tiraillements suivirent la dissolution du vaste empire romain ; quand ils eurent cessé, les Francs dominaient seuls, victorieux des autres races accourues, elles aussi, du fond de la Germanie pour se diviser la Gaule et venger leurs devancières pendant trois siècles repoussées et toujours revenant comme un flot impétueux. Mais leur glorieuse tâche accomplie, restait aux chefs à rénumérer la valeur et le courage de leurs compagnons d'armes. Des gouvernements de provinces, des terres, des villes, de riches contrées furent donnés aux Leudes, à titre de bénéfice révocable. La royauté élevée si haut par Charlemagne dégénéra avec l'éparpillement du pouvoir et ne sut plus tenir un sceptre trop pesant. Enhardis par la faiblesse et la molle incapacité des derniers Carlovingiens, les grands aspirent à la souveraineté, méconnaissent la subordination et sommés d'expliquer l'origine de leurs titres, osent répondre : *Dis-moi qui t'a fait roi et je te dirai qui m'a fait comte*. De ce partage des Gaules en bénéfices militaires, en fiefs d'abord mouvants de la couronne, puis audacieusement affranchis de tout rapport de sujétion, naquit la féodalité, système incompatible avec l'unité administrative, mais puissant boulevard contre lequel échouèrent longtemps les armées étrangères.

A cette nouvelle phase historique dans laquelle entrait la société se rattache la formation des Baronies. Les seigneurs de Mévouillon, désignés sous le nom générique de Reymond, se hâtèrent de consolider leur indépendance usurpée. Tout sommet ardu, toute gorge étroite se hérissent de châteaux dominant un passage, un vallon. Leur petit état longeant l'Ouvèze, il était de la plus haute importance de le fortifier au point extrême qui le séparait du Comtat. La configuration du sol se prêtait merveilleusement à l'exécution de leurs projets de défense ; là, en effet, coulait le torrent resserré entre deux montagnes ; sur la rive droite une crête de rocher venait aboutir au lit même de l'Ouvèze et semblait ne demander que quelques travaux d'art pour offrir l'aspect d'une citadelle aux abords escarpés. Un donjon fut élevé et, de sa plate-forme, les hommes d'armes du baron de Mévouillon, tenaient en respect ou pouvaient écraser une bande d'envahisseurs.

D'abord simple tour destinée à protéger la frontière, le donjon s'étendit successivement et couvrit le plateau incliné de ses magasins et de bâtiments accessoires qu'entourait une vaste ceinture de remparts crénelés. Aux exigences d'une époque guerrière et agitée de secousses intérieures, il réunissait bientôt celles d'un confortable séjour pour le seigneur et ses officiers. La forteresse était à peine achevée que déjà maints vassaux et tenanciers avaient groupé leurs humbles demeures à ses pieds; trop souvent les victimes d'un brigandage qui désolait et ruinait les campagnes, ils venaient chercher un abri sous le manoir féodal; là, du moins, ils jouirent d'une sécurité rarement troublée.

Cette agglomération naissante grandit, se développa et favorisée par un pouvoir tutélaire d'où émanaient des franchises et des immunités, elle prit en peu d'années l'allure d'un bourg important auquel fut donné le nom de Mollans, *castrum de Mollanis*. Pourquoi cette appellation? dérive-t-elle de l'idiôme des aborigènes et quelle idée réveille-t-elle à l'esprit? il est plus facile de poser ces questions que de les résoudre. Quelque souples, quelque ingénieuses que soient les combinaisons des étymologistes, elles ne peuvent ici nous initier aux arcanes du passé, et simples conjectures, revêtir à nos yeux la force et le prestige de la vérité. En faisant un appel aux souvenirs classiques, on arrive à découvrir une filiation; le mot *Mollans* ou le *Mollanis* aurait sa racine dans la langue des Romains et cette racine évoquerait la pensée d'une masse de rochers arrondis; mais acceptée même sans contrôle, jetterait-elle beaucoup de jour sur l'origine d'un lieu bâti en amphithéâtre et adossé aux flancs d'un mont escarpé? de nombreux villages présentant un site analogue, cette circonstance perd de son intérêt et cesse d'offrir un caractère distinctif pour Mollans.

Malgré les aspirations de la vanité locale, il y aurait témérité à faire remonter la fondation de Mollans au delà du huitième ou du neuvième siècle; elle suivit l'émancipation des barons de Mévouillon et consacra leur souveraineté. Assis à une extrémité de leur domaine seigneurial, commandant l'entrée de leurs terres par l'Ouvèze, il devait jouer le rôle d'une sentinelle avancée prête à crier : *Voici l'ennemi!* Là est l'explication de ces travaux de défense qui, lui imprimant un cachet martial et pittoresque à la fois, glaçaient de terreur et d'effroi les compagnies d'aventuriers en quête de pillage et de butin. Là encore, est le motif de cette longue persistance des barons de Mévouillon à conserver une place, pour eux gage d'indépendance et boulevard de salut. Avec sa population érigée en communauté, avec son bien-être matériel chaque année prenant de l'accroissement, Mollans compta parmi les plus beaux fiefs de la baronie et bientôt leur eût ravi la primauté, si le Buis n'avait marché en tête, comprimant de ses avantages de capitale l'ambition et l'essor de tout rival. Régi comme eux, ayant part aux mêmes franchises et aux mêmes charges, il demeura constamment un objet de sollicitude pour les barons qui se réservaient l'hommage, alors même qu'ils se dessaisissaient de leur juridiction au profit d'un membre de leur famille.

Des actes passés dans les salles du château, des transactions avec les habitants de Malaucène et autres lieux sur les limites de leur territoire, des prestations de foi renouvelées à chaque mutation du titulaire, des reconnaissances ou tableaux des droits seigneuriaux et des tenures féodales, voilà la part des faits connus pendant les premiers âges de Mollans. Celle des événements non consignés ou recouverts d'un voile épais, nul ne pourra la retracer. La destruction des archives, l'absence de tout document certain condamnent le chroniqueur au silence et paralysent ses investigations. Les mœurs, les usages des Baronies, leur législation, leurs péripéties, leurs agitations ne sont point étrangères à Mollans. Il subit la destinée commune; mais une monographie a des bornes nécessairement restreintes et locales, et les franchir serait empiéter sur le domaine de l'histoire générale des Baronies. Ma tâche est de ne rappeler ici que ce qui se rattache directement à Mollans et constitue ses propres annales, sa vie intérieure et sa sphère d'action.

Jusque-là les barons de Mévouillon, seigneurs de Mollans, n'avaient relevé que de Dieu et de leur épée; un vif éclat s'attachait à leur nom qu'aimaient à rejeter les échos du Dauphiné et du Comtat. Les uns s'étaient croisés et leurs faits d'armes en Orient révélaient une race de preux et de chevaliers; d'autres quittant la cuirasse et le heaume pour le froc, avaient demandé au silence du cloître, aux attraits de l'étude et de la prière, l'oubli de grandeurs impuissantes à combler le vide d'une âme ardente et généreuse. Mais cet héritage de gloire allait se dissiper et des symptômes de décadence frappaient les regards attentifs. Reymond V écrasé sous un fardeau au-dessus de ses forces reconnut le dauphin Jean pour suzerain, attendant de son appui un secours qu'il aurait dû puiser en lui-même et dans les traditions de ses aïeux; c'était en 1293. Ce premier pas vers l'abaissement en appela un second dont les conséquences réagirent sur Mollans en l'inféodant à une famille italienne que les conflits des Guelfes et des Gibelins avaient jetée en nos pays. Proscrite de Florence, elle se réfugia dans le Comtat, releva une fortune évanouie au souffle des guerres civiles et par son crédit et son prestige popularisa un nom qui, trois siècles après, devait reparaître et planer comme un astre lumineux sur la France et l'Italie. Les Médicis du moyen-âge préparaient la voie aux Médicis de la renaissance. Déjà ils possédaient Mérindol et d'autres fiefs voisins, lorsque les circonstances les mirent en jouissance de Mollans.

Reymond obéré de dettes et ne pouvant leur faire face, avait engagé la terre de Mollans à Bertrand de Baux, son créancier. Le jour de l'échéance approchant, il eut recours à Albert de Médici ou Médicis qui l'exonéra vis-à-vis du prince d'Orange en payant quatre cents livres à sa décharge; mais cet expédient n'améliorait point sa position. Pour se libérer envers son bienfaiteur intéressé, il lui céda le péage, la leyde, le four, les moulins, la juridiction et tous les droits utiles qu'il exerçait à Mollans. Le traité conclu le 7 novembre de l'an 1293 renferme des clauses et conditions dont la teneur témoigne de la sollicitude du baron de Mévouillon pour les habitants d'un bourg auquel tant de liens l'attachaient. Il fut stipulé qu'Albert se reconnaîtrait vassal, que le baron ou ses successeurs pourraient arborer leur étendard, pendant trois jours, aux tours et forteresses de Mollans, en signe du haut domaine réservé, que la milice du lieu ne serait employée qu'au service du baron ou des dauphins et jamais en dehors des limites des Baronies. Le nouveau titulaire accepta tous ces devoirs et charges d'un vassal ; mais il obtint entr'autres priviléges et avantages, de léguer la terre de Mollans à qui il voudrait sans exception aucune, de n'être point astreint à cautionner son suzerain, d'engager ce fief sans le consentement du baron, et enfin, de ne pouvoir être arrêté ni constitué prisonnier qu'en cas de félonie, trahison et crime d'hérésie.

Cet acte fut passé devant le portail de la forteresse en présence de noble Isoard de Rigaud, de noble Michel de Paul, de Henri de Broexe, de Guillaume Revel et autres témoins (1).

Dans la vaste ceinture de murailles qui entourait Mollans s'élevaient deux forteresses désignées par le nom de *fort supérieur* (2) et de *fort inférieur* (3). Albert de Médici venait d'acquérir le *fort inférieur* ; l'autre appartenait à noble Pierre Reynier. De là deux juridictions distinctes et séparées ; de là encore, deux co-seigneurs. L'histoire des vicissitudes et des aliénations de la chatellenie de Mollans au point de vue féodal ne saurait provoquer l'intérêt ni avoir le charme et l'attrait des

---

(1) *Archives de la chambre des comptes.* — Valbonnais, tome 1ᵉʳ, 256.
(2) Il était près du Portalet.
(3) Celui qui est encore debout.

grands événements ; cependant elle met en lumière des familles qui, à divers titres, prirent une part active aux destinées de ce bourg et léguèrent aux générations futures une mémoire, le plus souvent chérie et vénérée. Ces transmissions de droits seigneuriaux se divisent naturellement en deux séries; la première comprend celles qui se rattachent au *fort supérieur*. Il fut cédé en 1323 par Henri, régent du Dauphiné, sous la minorité de Guigues, son neveu, à Léonard de Morane, seigneur de Pierrelongue, avec la réserve de la suzeraineté et à la charge par lui de fournir un homme d'armes. Des Morane il passa en 1334 à Barthélemy Moroc, seigneur de Montiay et de Montaut. Pierre de Mévouillon, fils et héritier de Sybille de Moroc, vendit sa parerie de Mollans, en 1407, à noble Bernard de Serre, seigneur de Malaucène (1), moyennant la somme de quatre mille florins d'or. En 1425, Romaine Boschier ou Boschi (2), veuve du dernier acquéreur, transportait à Jean d'Urre, co-seigneur de Vinsobres, tous ses droits sur le château supérieur. Les d'Urre en jouirent jusqu'en 1653, époque à laquelle le domaine de la couronne l'aliéna au prix de soixante et un mille livres, en faveur de Charles de Simiane, seigneur d'Esparron, qui avait épousé

(1) Mala sana, en latin, *mal saine*.
(2) Les Roschier étaient seigneurs du Chatelard.

Marthe de Calignon, fille d'Alexandre, seigneur de Peyrins, et veuve de Jean d'Urre, quatrième du nom (1).

Le sort du château inférieur ne fut pas moins variable et la liste de ses propriétaires accuse aussi de nombreuses péripéties. Giraud de Médici le transmit, en 1323, à Hugues Adhémar de Monteil, ainsi que sa part de juridiction, des revenus du péage, de la leyde et autres droits en échange de 4,932 livres. La directe ou mouvance restait à Reymond de Mévouillon, conformément au traité passé entre lui et Albert de Médici, aïeul du vendeur. Il appert des détails dans lesquels est entré le tabellion pour écarter toute erreur sur la monnaie désignée que le gros tournois d'argent à l'*O* rond valait seize deniers, et sans *O* quinze seulement. Gaucher Adhémar possédait Pierrelongue et jouissait de la parerie de Mollans, lorsqu'un violent conflit, par son explosion subite, vint semer le trouble et l'agitation en ces deux terres qu'unissaient la même dépendance et les mêmes intérêts. La rivalité d'une puissante famille, ayant nom Beausens, amena de vives contestations, puis une levée de boucliers et une lutte armée. Pierrelongue, objet du litige, est envahi et pris; son château brûlé, les campagnes environnantes ra-

---

(1) *Archives de la chambres des comptes.* — *Histoire de la noblesse du Comtat*, par Pithou-Curt.

vagées attestent les hauts faits du fougueux compétiteur. Instruit de cette querelle, grosse de périls et de divisions intestines, car les seigneurs des Baronies ne pouvant demeurer indifférents s'apprêtaient à entrer en lice, pour soutenir l'un ou l'autre champion, le gouverneur du Dauphiné s'empara de Mollans et de Pierrelongue au nom du roi et ne les rendit à Gaucher qu'en 1358, sur un ordre émané de Charles V, alors en visite à Grenoble. Dans le courant de l'année 1488, Pierrelongue et le *fort inférieur* de Mollans avec ses dépendances passent au pouvoir de Louis de Thollon, seigneur de Sainte-Jalle, qui les acquiert moyennant 2,200 florins, de Christophe Aymar, chambellan de Charles VIII.

Par une transaction datée de 1515, Antoine Boschon, successeur de Louis de Thollon, remit le *fort inférieur* à noble Dominique Parpaille, seigneur de Vercoiran. Des Parpaille il va, en 1601, à Jacques de la Tour, de Saint-Sauveur, capitaine de cinquante hommes des ordonnances du roi. La cession qu'en faisait Réné de Vérone, co-seigneur de Vinsobres et co-seigneur de Mollans, du chef de son épouse Julie Parpaille Adhémar, était motivée par l'échange de biens considérables situés à Laborel. Une dernière aliénation eut lieu en 1667 au profit de Jacques d'Urre, dépossédé, on l'a vu, du château supérieur et jaloux de rentrer en jouissance d'un fief où de vastes propriétés lui assuraient une légitime influence fortifiée du prestige d'un beau nom. Quand s'éteignit ce rejeton d'une vaillante race, son héritage passa aux Simiane d'Esparron, qui portèrent le titre de comtes de Mollans jusqu'en 1789 (1).

Simple nomenclature des familles qui, pour la plupart très-illustres, ont exercé la juridiction féodale sur Mollans et communiqué aux annales de ce bourg le reflet de leur gloire et de leur célébrité, ce tableau ne peindrait qu'imparfaitement le moyen-âge, s'il n'était suivi d'un exposé de l'organisation intérieure de Mollans, envisagée à tous les points de vue. Quoique incomplète et sans détails, toute revue du passé a ses enseignements et se revêt de cet attrait mystérieux que subit le voyageur, alors que s'arrêtant, il contemple une fois encore des régions laborieusement parcourues et dont il ne foulera plus le sol. La halte terminée, il va de l'avant, traverse de nouvelles contrées et les impressions recueillies le suivent, l'éclairent, se mêlent aux sensations du présent et douces compagnes de sa course, le prémunissent même contre le mirage trompeur d'horizons inconnus se développant à ses regards étonnés. Soit ignorance, soit préventions, on se fait ingrat envers les siècles écoulés et cependant mieux étudiées, mieux

---

(1) *Archives de la chambre des comptes.*—Pithou-Curt.—Valbonnais, 2, p. 110.

appréciées, leurs œuvres commandent l'intérêt, le respect et l'admiration. Devant elles on s'incline et les bienfaits du moment, liés aux bienfaits d'un autre âge, ravivent le patriotisme et le réconcilient avec des temps souvent calomniés.

L'introduction du régime municipal à Mollans ne constitue pas un de ces faits dont on peut saisir la date et les circonstances ; elle s'opéra graduellement et la somme des libertés et des droits civiques dut s'accroître avec l'agglomération des habitants. L'existence d'une communauté représentée par des syndics et un conseil de notables, organes de ses intérêts et de ses besoins, n'apparaît guère qu'au onzième siècle ; mais elle lui fut certainement antérieure. Dès cette époque, éclate l'esprit d'antagonisme amenant un cortége de luttes ; on voit surgir un mandement avec des limites étendues, des magistrats vigilants et actifs, une population toujours sur le qui vive pour la défense de ses bonnes coutumes et priviléges. Sous l'action du temps et des idées, se modifièrent les formes d'un système d'administration basé sur la nature même ; les syndics font place à des consuls et à des assemblées par eux présidées. Au sommet de la hiérarchie des officiers de la communauté, mandataires issus du suffrage, étaient placés deux châtelains nommés par les co-seigneurs. Les fonctions de ce magistrat l'assimilaient à un juge, à un maire et à un gouverneur ;

un jour il commandait les milices et la veille il siégeait, escorté d'un sergent, redressant les griefs et punissant les délits.

La judicature de Mollans étant une institution locale, agissait au nom du seigneur haut justicier dans ses terres; elle connaissait de toutes les causes, soit au civil, soit au criminel. Une salle basse du château convertie en geôle, des gibets dressés sur la voie publique ou près de la porte du *Merlet*, des amendes, des peines afflictives et corporelles résumaient les moyens de répression que déployait la cour de justice fondée à Mollans. Ses arrêts, ses jugements ressortissaient du bailliage du Buis, tribunal suprême érigé par les Dauphins, héritiers et successeurs des barons de Mévouillon et de Montauban.

Aux empiètements du pouvoir seigneurial, aux mauvais instincts de la cupidité, de la haine et de la vengance, la municicipalité et la judicature opposaient une barrière rarement franchie et que d'énergiques protestations forçaient à respecter; mais ces deux établissements ne pouvaient seuls répondre à toutes les exigences. Malgré les éléments de bien-être matériel, il y avait, au sein de la communauté, des pauvres, des indigents et des souffreteux. En leur faveur plaida la charité, et sa voix que n'étouffaient ni l'égoïsme, ni l'indifférence les arracha, là comme partout, aux horreurs d'un coupable abandon. Une *ladrerie* bâtie en dehors des murs fut ouverte aux lépreux, ces proscrits de la société. Dans l'enceinte même s'éleva un hôpital, asile de la vieillesse infirme et foyer bienfaisant d'où rayonnaient par les soins du *recteur des pauvres,* l'aumône et d'abondants secours aux nécessiteux. La fondation de l'hospice de Mollans remonte très-haut; manants et puissants seigneurs y contribuèrent, le dotant de biens-fonds et de censes. Ses revenus allaient grossissant; lorsque éclatèrent les troubles de la réforme, ils avaient atteint un chiffre qui témoignait d'une constante sollicitude toujours au niveau des besoins, toujours s'inspirant d'une religion tendre et compatissante à tous les malheurs.

Au point de vue ecclésiastique, Mollans formait une paroisse du diocèse de Vaison. Un curé, assisté de quelques recteurs de chapelles, pourvoyait au service divin dans une église dédiée sous le vocable de Notre-Dame-de-la-Lauze. A quelle époque se rattachait la construction de cette église? Les documents font défaut à l'encontre de cette question et le silence des chroniqueurs nous livre à des conjectures dont la vraisemblance ne saurait acquérir la force de la vérité. Les motifs et les inspirations du style ogival appliqués à ce vieil édifice lui imprimaient un caractère d'élégance et de splendeur mêlé de charme et de poésie. Une tour svelte et dégagée dominait ses combles, supportant une flèche aérienne qui contrastait avec la silhouette lourde et massive de la forteresse aux pieds de laquelle s'adossait l'église.

Plusieurs chapelles ou autels découpaient les parois des murs latéraux; on y remarquait la chapelle de Notre-Dame-de-Fenouillet, érigée en 1400, aux frais de Jean Coursier, habitant de Mollans, et largement dotée en 1484 par messire de Maligeac, seigneur de Saint-Léger. A côté s'ouvrait celle de Saint-Anne, dont l'entretien reposait sur la libéralité de Jean d'Urre et de ses successeurs (1).

Près de l'enceinte du château inférieur, existait un autre édifice religieux; c'était la chapelle de Saint-Estève. Des actes rédigés dans le quinzième siècle en font mention, mais ne nous apprenent rien sur la manière dont elle était desservie. Réservée au seigneur de Mollans, aux varlets et aux hommes d'armes, elle devait avoir un chapelain spécial.

Celle de Notre-Dame-du-Pont tirait de sa situation une popularité qui souvent la fit servir aux gestes des tabellions. Une donation faite en 1357, au profit de l'hôpital, nous révèle un usage aujourd'hui condamné par nos mœurs. Une église, un cimetière, un cloître, un carrefour, la galerie d'un château, tels étaient autrefois les lieux où se concluaient les *paches*, accords et transactions (2).

(1) Archives de la fabrique.
(2) Archives de la mairie.

Pour la population disséminée çà et là dans les champs, le moyen-âge ne fut point une époque stérile et avare de bienfaits. Sur elle, il épancha ses trésors, ses élans et ses aspirations de foi. Nulle contrée ne porta plus nombreuses et plus profondes les empreintes de ces âges où le sentiment religieux vivifiait les facultés intellectuelles comme il sanctifiait et pénétrait de son souffle les relations sociales et les habitudes privées de nos devanciers. En deçà de l'Ouvèze et sur la route de Nyons, une église dédiée en l'honneur de Saint-Marcel donnait à ce quartier du mandement l'animation d'un point central. Un religieux attaché à ce sanctuaire dont l'origine reculée est peut-être antérieure à la formation du bourg, répandait autour de lui les enseignements qui élèvent et aux leçons d'une charité toujours active, mêlait celles d'un travail incessant devant lequel un sol aride et désert se chargeait de moissons et de fruits. Ermite, agriculteur et prêtre, le moine bénédictin initiait les tenanciers aux jouissances de la vie morale et de la vie matérielle (1).

La présence de bâtiments claustraux et d'exploitation rurale révélait dans Saint-Marcel une simple métairie annexée à Saint-Pierre de Thoulourenc; mais plus loin, au-delà d'Aigues-Marse, prospérait un établissement d'un intérêt majeur. Un voile

(1) Archives de la fabrique.

épais nous dérobe les circonstances qui entourèrent la création du monastère de Saint-Martin. Arbre plein de sève et de vigueur, il avait résisté à bien des orages, lorsque Rostaing, évêque de Vaison, l'affilia à la célèbre abbaye de Saint-Victor de Marseille, par une donation faite en 1111. Les bénédictins, ces pionniers de la civilisation, étendaient leurs conquêtes pacifiques, et là où ils plantaient une croix, naissait le bien-être, suite rigoureuse du défrichement des solitudes et des terres incultes, bientôt sous leurs efforts tenaces converties en campagnes fécondes, sillonnées de chemins et peuplées de familles attirées par leur bienveillant patronage (1).

La salutaire influence des enfants de Saint-Benoît franchit l'Ouvèze et opéra par delà ce torrent mêmes prodiges et mêmes résultats. Avant d'appeler l'attention sur les autres parties du territoire, où s'exerça leur action tutélaire, il faut signaler l'existence d'une deuxième chapelle édifiée par la piété des aïeux et debout au sommet d'un coteau; elle relevait aussi de Saint-Pierre de Thoulourenc et portait le vocable de Saint-André. Une naïve légende racontait son origine et l'enveloppait de ce charme qui découle d'un fait merveilleux. Appendus près de l'image du patron vénéré, des *ex voto* attestaient les faveurs du ciel et de fré-

---

(1) *Histoire de l'Église de Vaison*, 96.

quents pélerinages vers la sainte colline, aux jours de crises et de calamités, proclamaient une dévotion transmise de père en fils, comme un héritage sacré, comme le palladium du foyer envahi par la souffrance, la crainte ou le deuil.

Avec le couvent de Saint-Martin étaient passées aux bénédictins de Marseille trois autres maisons conventuelles bâties sur la portion du territoire qui s'allonge entre le Thoulourenc et l'Ouvèze. Dans les limites de sa sphère, chacune d'elles contribuait à l'aisance générale et quoique vivant d'une vie propre et distincte semblait unir ses destinées aux destinées de la communauté de Mollans, en lui payant un tribut de services, de lumière et de dévouement. Construit aux pieds du mont Bluye, le monastère de Sainte-Marie de Vals ou de Vaux, servait de retraite à des âmes d'élite qui, fuyant les déceptions du monde pour le calme et la paix d'une humble cellule, pratiquaient les plus sublimes vertus et demandaient à la règle de Saint-Benoît une barrière aux désenchantements et aux illusions du cœur. Etrangères aux agitations du dehors, les pieuses recluses de Vaux partageaient leurs monotones journées entre la prière, le chant des heures canoniales et le travail des mains. En 1348, avait été fait par Pierre de Case, évêque de Vaison, un legs de dix florins aux religieuses de Saint-Pierre de Vaux, afin de les aider à reconstruire leurs bâtiments.

Ce don doit se rapporter aux religieuses de Sainte-Marie, qui probablement reconnaissaient encore Saint-Pierre pour leur patron secondaire (1).

Non loin de Sainte-Marie, et sur les bords du même torrent, s'élevait un prieuré désigné sous le nom de Saint-Pierre de Thoulourenc. Il était régulier et dépendait du monastère de Saint-André de Villeneuve-lès-Avignon qui uni, lui aussi à l'ordre de Saint-Benoît, avait succédé, on ne sait à quelle époque, aux droits des religieux de Saint-Victor. Dès le principe, c'était une grande ferme où habitaient plusieurs moines chargés de la culture des terres et soumis à un supérieur appelé *prior*, prieur; de là vient la qualification de prieuré assignée à tous les domaines des abbayes. Une église répondait aux exigences et aux besoins des colons bénédictins et prêtres pour la plupart; elle s'ouvrit aussi aux gens de la ferme et aux tenanciers du prieuré. Naturellement le prieur exerça les fonctions ecclésiastiques, administra les sacrements et procéda aux inhumations, soit dans le cimetière adhérent à l'église, soit dans l'église même, selon le rang du défunt. Métairie d'abord, le prieuré devint le centre d'une petite paroisse où ne chômaient ni les offrandes, ni les oblations des fidèles, au profit du prieur déjà en possession des deux tiers des dîmes prélevées sur le mande-

---

(1) *Histoire de l'Église de Vaison*, 86, pièces justificatives.

ment. Longtemps le titulaire de Saint-Pierre remplit les charges curiales ; mais les conciles ayant ensuite défendu aux moines ces mêmes charges, il commit un curé pour le remplacer dans le service paroissial qui avait lieu dans l'église de son prieuré. Une autre modification plus grave fut apportée à la constitution du prieuré; dès l'an 1503, il était tombé en commende et jeté en pâture à l'avidité de séculiers que n'obligeaient ni la résidence, ni les prescriptions d'une règle monacale (1).

Aussi ancien que celui de Saint-Pierre de Thoulourenc, et comme lui affilié à une abbaye de bénédictins, le prieuré de Saint-Michel avait été émancipé, et de régulier qu'il était primitivement était devenu séculier. Les possesseurs de ce bénéfice, ayant charges d'âmes, ne pouvaient avoir recours à la délégation pour exercer la juridiction ecclésiastique attachée à leur prieuré insensiblement érigé en paroisse par l'affluence des manants et tenanciers des environs. Le prieur de Saint-Michel était co-décimateur ; mais la jouissance du tiers des dîmes recueillies aurait été insuffisante à parer aux frais du culte et à son entretien personnel, s'il n'eût eu des rentes particulières et des droits utiles constatés par le terrier de Saint-Michel.

Depuis plusieurs siècles le service divin se pra-

---

(1) Archives de la fabrique.

tiquait sans encombre dans les églises des deux prieurés et dans celle de Notre-Dame de la Lauze. Cependant une guerre meurtrière, ou peut-être une peste plus meurtrière encore, ayant dépeuplé le mandement, les habitants réunis en assemblée le 28 mai de l'an 1538, émirent le vœu, que désormais les fonctions curiales se fissent exclusivement dans l'église de Notre-Dame, qui alors serait desservie par trois prêtres, le curé titulaire, le prieur de Saint-Michel astreint au service à raison de la nature de son bénéfice et un secondaire recevant la portion congrue due par le prieur de Saint Pierre. L'opportunité de ce changement ne pouvait être contestée, en présence des ravages qu'avait opérés le fléau calamiteux et d'un vide effrayant derrière lequel apparaissait une population réduite à soixante et dix habitants. Le tabellion a sans doute attaché au mot habitant le sens et la valeur du mot, *chef de famille*; avec cette hypothèse même, on demeure frappé de stupeur, et c'est avec effroi qu'on envisage l'affaiblissement dans lequel était tombé Mollans.

La réalisation du projet, qui tendait à ne conserver qu'une seule et unique paroisse, éprouva des lenteurs et des obstacles; mais elle en triompha, et lorsqu'elle eut été consommée, les prieurés de Saint-Michel et de Saint-Pierre, entrés en une nouvelle phase où revivait toutefois leur organisation primordiale, contribuèrent ainsi jusqu'à la révolution de 89 au service paroissial, alors même qu'églises et bâtiments claustraux n'existaient plus détruits et emportés sous la période de l'introduction du calvinisme en Dauphiné (1).

L'étude approfondie de nos communautés au moyen-âge, produit un sentiment de satisfaction devant lequel s'évanouissent les accusations jetées à la face d'un passé méconnu. L'abrutissement, la misère et l'oppression, voilà les mots dont on se sert pour caractériser cette époque, comme si nos aïeux n'avaient pas été en possession de ces mêmes institutions locales et municipales qui ne nous flattent et ne nous donnent une haute opinion de nous-mêmes, que parce que nous les croyons nées d'hier, nées de la civilisation actuelle; comme si les donjons à l'ombre desquels s'écoulait l'existence de nos devanciers n'avaient été qu'un repaire de tyrans, toujours prêts à sacrifier le vassal, à le torturer et à lui extorquer le fruit de son travail et de ses sueurs.

Les nombreuses ruines, qui sont debout encore et embrassent un si vaste périmètre, nous révèlent quels puissants moyens de défense avait à opposer Mollans aux attaques du dehors. Des murailles épaisses flanquées de tours, deux donjons reliés chacun par des travaux d'art à une enceinte spéciale dans laquelle étaient les magasins, les loge-

(1) Archives de la fabrique.

ments, une milice exercée, des hommes d'armes faisant le guet, il y avait là pour garantir et maintenir la sécurité des habitants. Le voisinage du Châtelard, montagne d'un accès difficile et périlleux, donnait à ce sommet ardu le rôle d'une barrière tutélaire; mais cette barrière, déjà si imposante, empruntait une nouvelle force à la construction d'un château érigé en fief, et appartenant en 1432, à la famille Boschi ou Boschier alliée aux seigneurs de Mollans (1).

Jamais bourg n'exposa aux regards un site plus sûr et d'un aspect plus guerrier; aujourd'hui malgré les ravages du temps, malgré les démolitions opérées à plusieurs reprises, ces vieux tronçons, ces remparts mutilés, ces forts découronnés excitent l'étonnement et nous laissent appercevoir la résistance que pouvait offrir Mollans, alors que hérissé de créneaux, de tours et de machicoulis, il protégeait l'entrée des Baronies, arrêtant aux pieds de ses murs ou les troupes de Reymond de Turenne ou les soldats des *grandes compagnies*.

L'intérieur de l'enceinte était divisé en plusieurs rues dont les principales aboutissaient aux trois portes appelées du nom de *Porte-Major*, de porte du Pont ou du Merlet et du *Portalet*. L'étroitesse des rues, l'inclinaison de leur plan ne permettant

---

(1) *Histoire de la noblesse du Comtat*, par Pithou-Curt.

point la circulation des chars, le transport des denrées n'avait d'autre agent que les bêtes de somme. Des carrefours aux dimensions modestes usurpaient le nom de places et servaient aux assemblées générales du peuple ou aux transactions d'un marché hebdomadaire. On remarquait *la place de l'église* et celle de la *bauche de cour* située près de la porte du pont ; là, se dressait un pilori ; là, fonctionnait la cour ou juridiction du lieu. Un espace resserré entre des maisons était affecté à un divertissement propre aux hommes et aux jeunes gens, c'était le *jeu de paume* (1). L'absence de tout mouvement et de toute animation semblait caractériser ces rues, ces demeures veuves pendant le jour de leurs habitants : quelques métiers de drapiers, un gauchoir protestaient seuls en faveur de l'industrie et rompaient la solitude de leur bruit monotone et régulier. L'atelier de monnaie fondé en 1344 par Humbert II avait été transféré à Mirabel. Presque toute la population se livrait aux travaux des champs ; un pont à la voûte en ogive reliait les deux rives de l'Ouvèze vis-à-vis l'entrée principale du bourg et facilitait l'exploitation des héritages situés de l'autre côté. L'antique *maladrerie* qui abritait les lépreux s'élevait, isolée, par delà le torrent ; elle tomba avec l'éloignement du mal venu d'O-

---

(1) Il occupait l'emplacement du moulin à huile.

rient; longtemps ses ruines couvrirent le sol sans qu'une main osât les toucher; puis s'évanouit la mystérieuse terreur qu'elles inspiraient. L'intérêt et les convenances appelèrent les tenanciers, les artisans là, où naguère passait silencieusement le voyageur, et leurs habitations longeant la route formèrent, aux abords du pont, le noyau d'un faubourg promptement accru.

Aux libertés communes à toutes les terres des Baronies, libertés précieuses auxquelles se liaient les souvenirs des barons de Mévouillon et des Dauphins, le temps et les circonstances ajoutèrent des priviléges locaux et des franchises dont la somme formait comme le code des habitants de Mollans. Presque tous les seigneurs se montrèrent jaloux de coopérer à leur bien-être par la diminution des charges et l'octroi de chartes qui modifiées, confirmées et sans cesse renouvelées, devinrent un boulevard derrière lequel s'abritait la municipalité, alors qu'une main arbitraire voulait toucher à ses bonnes coutumes pour les atténuer ou les détruire. Albert de Médici avait réglé les conditions du service militaire; Giraud, son successeur, signait en 1313 une transaction où figurent les droits du seigneur et ceux de la communauté. Il reconnaît aux habitants la faculté de faire pâturer, d'exporter le blé, le vin, les fruits et de les vendre et débiter, comme ils l'entendront, sans encourir aucune peine ni amende, sauf en temps de guerre. Les officiers du seigneur ne pourront prendre aucun bétail contre leur volonté; le ban de vin est déterminé; pendant huit jours des mois d'avril et de septembre, il est licite aux manants et habitants de vendre aux étrangers le vin recueilli ou acheté; mais hors de ces deux époques, ils ne pourront jouir de cette concession, sous peine de la confiscation du vin au profit du seigneur. De leur côté ils s'engagent à cultiver quarante *fossorées* de vigne lui appartenant, aux frais et dépens de la communauté (1).

Le 16 mars de l'an 1387 un Adhémar de Monteil confirme et amplifie les libertés et privilèges de Mollans. Ses héritiers consacrent successivement les mêmes droits et par de larges immunités augmentent le cercle d'action dans lequel se mouvait une communauté constamment jalouse de son indépendance et travaillée de ce mystérieux instinct qui poussait chaque génération vers un état social plus conforme à ses besoins et à ses nobles aspirations; aussi, elle ne reconnaissait et n'acceptait les co-seigneurs et possesseurs de fiefs, que lorsqu'ils avaient juré de la maintenir en ses franchises. L'absence de cette formalité l'inquiétait et la jetait au sein de mortelles angoisses, tant était grand, profond et vivace ce sentiment de patriotisme que transmettait le père au fils, à travers

(1) Archives de la mairie.

les révolutions, les troubles et la succession des années.

Jean d'Urre n'ayant point, à la mort de son père, satisfait aux exigences traditionnelles de la municipalité, elle s'émut et le pressa de renouveler, selon l'usage, ses priviléges et libertés. Le puissant chevalier acquiesça de bonne grâce à de légitimes instances, et le quatre du mois de décembre de l'an 1520 ratifia, confirma et approuva des droits laborieusement acquis et servant de base à la constitution de Mollans. Les circonstances et les détails de cet acte sont consignés en un document dont je crois utile de reproduire la substance, parce qu'il reflète les mœurs de l'époque; il revêt un cachet de solennité et cette solennité nous éclaire sur la valeur qu'y attachaient nos aïeux :

« Au nom du Seigneur, ainsi soit-il. Sachent
» tous présents et à venir que l'an quinze cent
» vingt de la nativité du Seigneur et le quatrième
» jour du mois de décembre, très-chrétien et très-
» illustre prince François, par la grâce de Dieu
» roi des Français et Dauphin de Viennois, en
» présence de noble Jean d'Urre, seigneur de
» Mollans (assis sur une poutre) et de son notaire,
» probes hommes Claude Marie et Pierre Ber-
» mond le jeune, consuls dudit lieu de Mollans,
» Pierre Chanut, André Bernard, Jacques Marie,
» Ponce Roquet, Barthélemy Courcier, Antoine
» Martin, Sauveur Chabert, Jean Roux, Jean

» Espérandieu, Antoine Foulques, Olivier Courcet,
» Guillaume Roquet, Antoine Clément, Guillaume
» Marcellin le vieux, Bertet Albert, François Mil-
» laret, Jacques Foulques, Pierre Manassier,
» Blaise Guigon, Jean Ribaud, Jean Bernard le
» jeune, Antoine Marie, Claude Avon, Guigues
» Vial, François de Voran, Michel Marcel, Jacques
» Roux, Claude Isnard, Jean Girard, Antoine
» Bosc, Gonet Charreyron, Jean Sibord, Antoine
» Bernard, Ponce Sigaud, Antoine Gonon,
» Claude Robert, Arnulphe Deynaud, Guillaume
» Marcel le jeune, Olivier Ricard, Guigues Blan-
» chon, Jean Roux le vieux, Antoine Mérindol,
» Antoine Bonil, Claude Rivet, Guillaume Roquet
» le vieux, Vincent Fabre, Etienne Vial, Etienne
» Isnard, Louis Martin, Rolet Foulques, Guigues
» Guillaume, Claude Raymond, Rostaing Marcel,
» Antoine Marcel, Claude Richard, Jean Benoit,
» Michel Gapiam, Jean Albert, André Alacre,
» Pierre Bermond le vieux, Pierre Guigues, An-
» toine Rostaing, Jean Leyrisse, Barthélemy Ray-
» mond, Pierre Isnard, Claude Arnaud, Martin
» Chanousse, Jean Gaucelin et Michel Roux, tous
» hommes domiciliés à Mollans et formant les
» trois quarts des habitants dudit lieu, rassemblés
» et convoqués avec le consentement et autorité
» de Pierre Chenut et d'André Bernard Chatelains,
« les consuls et hommes sus-nommés tant en
» leur nom qu'en celui de la communauté, pour

» le temps présent et pour l'avenir, par l'organe
» de Claude Marie et de Pierre Bermond consuls,
» ont exposé à noble Jean d'Urre co-seigneur du
» lieu et lui ont manifesté qu'eux consuls et qu'eux
» habitants dudit lieu de Mollans et leurs ancêtres
» avaient et ont plusieurs libertés et immunités
» données par les prédécesseurs de noble Jean
» d'Urre et de noble Dominique Parpaille aussi
» co-seigneur, lesquelles sont contenues dans des
» actes publics.

» Les consuls sus-nommés attestent que de
» temps immémorial ils ont joui de la faculté :

» 1° De vendre les herbages, pâturages, glan-
» dages, de tarifer le passage des animaux sur
» tout le mandement, avec le consentement
» toutefois du co-seigneur ou de ses officiers, au-
» quel seigneur revient la moitié du prix de la
» vente.

» 2° D'ébrancher les arbres et de couper les bois
» verts ou secs.

» 3° D'ouvrir des carrières dans tout le terroir
» du mandement, de tirer ou de faire tirer de la
» pierre et de vendre les carreaux ou pierres ex-
» traites.

» 4° De cultiver, défricher toute terre inculte et
» sans propriétaire, moyennant la réserve au
» profit du seigneur de payer le quinzain des
» gerbes et javelles, c'est-à-dire, des fruits crois-
» sants et recueillis sur ces terres

» Jean d'Urre pleinement instruit reconnaît ces
» droits, les confirme et les ratifie. De leur côté,
» sans dol, fraude et contrainte, mais spontané-
» ment, les consuls et habitants jurent de main-
» tenir les droits féodaux que le seigneur tient de
» ses prédécesseurs, et s'engagent :
» 1° A faire moudre leurs grains à son moulin
» et de payer pour la mouture le trentain ou tren-
» tième partie depuis Noël jusqu'à la Saint-Jean
» et le vingtain ou vingtième partie depuis la
» Saint-Jean jusqu'à Noël ;
» 2° A faire chacun une journée pour le curage
» du béal du moulin. Le travail n'aura lieu que
» pendant le mois d'août et le seigneur est as-
» treint à nourrir convenablement le journalier,
» à le pourvoir de bon vin et enfin à mettre un
» habile meunier et à tenir le moulin en un état
» satisfaisant.
» Pour mieux assurer l'exécution des clauses,
» stipulations et engagements ci-dessus énumérés,
» le seigneur et les habitants s'obligent solidaire-
» ment, s'hypothèquent et se soumettent eux et
» leurs biens et ceux de la communauté à la cour
» de Mollans, du Buis, de Gap, de Chabeuil et
» du vénérable Parlement du Dauphiné ; ils pro-
» mettent et jurent la main sur les saints Évan-
» giles de garder et observer fidèlement ledit
» accord. »

Cette transaction fut faite et publiée à Mollans,

sur la place publique, devant la maison de noble Dominique Parpaille. Etaient en outre témoins, probes hommes François Villet, Barolet Sore, Jean Darrache, Sarralère du Buis, Piere Castrel de Rozans, Honoré Avon, surnommé *Bladier*, de Mévouillon, Claude Lagier, cordier de la ville de Vaison et Michel Clément, du lieu des Faucons (1).

L'exposé des immunités, franchises et priviléges de la communauté ne nous donne point la mesure complète du bien-être et des avantages matériels qu'elle devait à de persévérants efforts. Pour faire face aux améliorations et aux dépenses, elle avait à son service de nombreux revenus et des biens considérables dont le produit l'aidait à répandre l'aisance et à parer aux besoins imprévus. Dès avant 1303, elle retirait annuellement vingt charges de blé de Guillaume d'Esparron et autant de Reymond de Mévouillon, et les grains récoltés sur ses propres terres équivalaient ordinairement aux rentes que lui faisaient ces deux débiteurs. Fidèle à poursuivre son but, qui était l'allégement des habitants et l'élargissement progressif des ressources municipales, elle acheta du seigneur le moulin à huile et nous la voyons, en 1544, jouissant de cette usine lucrative. Les oliviers étant alors très-multipliés, le moulin fonc-

(1) Archives de la mairie.

tionnait durant la moitié de l'année et les droits qu'elle percevait s'élevaient d'autant plus haut qu'elle avait le monopole de la trituration des olives dans toute l'étendue du mandement.

L'attention et la vigilance des consuls embrassant tout ce qui tenait à l'alimentation et au bien-être individuel ; ils réglementaient le prix de la viande et chaque année passaient un nouveau bail qui liait le boucher aux sages prescriptions des organes de la communauté. En 1544, le bœuf, la brebis, le chevreau, le *menon* étaient livrés à raison de un sol la livre ; un demi-siècle plus tard, devait se produire une légère augmentation, car les registres consulaires portent la livre de mouton, de porc et de viande de lait à sept liards et celle du bœuf à cinq (1).

Tel que l'avait fait le moyen-âge, avec les éléments de force et de prospérité inhérents à sa position, à son territoire et à son organisation, Mollans pouvait, confiant dans le présent, regarder l'avenir et marcher de conquête en conquête, d'améliorations en améliorations vers un état plus florissant encore. Mais l'horizon se chargeait de nuages et les tempêtes sociales allaient emporter ses glorieuses aspirations, son bien-être et sa sécurité. Le seizième siècle arrivait gros de troubles et d'orages, et sa mission semblait être

(1) Archives de la mairie.

de bouleverser le monde en le poussant violemment hors de ses voies. Un moine apostat, Martin Luther, conviait toutes les passions, tous les mauvais instincts au renversement de l'édifice qu'une main divine avait fondé et à l'ombre duquel s'étaient reposées, calmes et heureuses, les générations écoulées. Le libertinage, la cupidité, la politique, l'ambition s'enrôlent au service de son orgueil froissé et, à la voix de l'Augustin défroqué, courent sus au passé, à ses monuments, à ses croyances, mettent l'Allemagne en feu et glacent les populations de stupeur et d'effroi. Un autre apostat, Jean Calvin, ramasse les tisons embrasés que lançait autour de lui le réformateur étonné de ses propres œuvres et les jette hardiment en France. Des arrêts de proscription répondent à ses doctrines subversives; il fuit et laissant derrière lui des disciples cachés, il se rend à Genève qui embrasse ses erreurs. De cette ville l'hérésie pénètre en Dauphiné, colportée secrètement par des émissaires qu'accueillent, ici une imprudente curiosité, là un esprit frondeur en quête d'agitations, de scandales ou de désordres. L'ombre et le mystère dont s'entourent les premiers adeptes favorisent la propagande ; leur nombre augmente ; des artisans, des femmes même s'érigent en apôtres, glissent furtivement des livres anti-catholiques et prêchent le nouveau culte en des caves et des souterrains.

Leur tâche était facile, puisqu'elle consistait à exciter la haine, à flatter les appétits grossiers, les instincts au pillage, à faire envisager l'abstinence, la confession, la mortification corporelle, les croix, les statues, les églises, les abbayes, les prêtres et les moines comme une superfétation qui souillait la terre. Cependant, malgré ce qu'une pareille doctrine pouvait exercer d'entraînement et d'action sur des cœurs pervertis et dépravés, les progrès du Calvinisme eussent été restreints, s'il n'avait eu pour auxiliaires les intrigues des courtisans qui s'en emparèrent comme d'un instrument pour arriver au pouvoir ou combattre leurs rivaux. La politique vit des mécontents chez les réformés ; elle les arma et en leur donnant un drapeau leur permit de satisfaire leurs convoitises, d'imposer leurs idées et d'asseoir un établissement sur du sang et des ruines. Le secret de leur existence et de leur expansion en Dauphiné, en Languedoc et ailleurs est renfermé dans l'histoire des troubles du seizième siècle ; il s'échappe des violences et de la terreur qui, pendant quarante ans, marquèrent leurs faits et gestes, sous le commandement de chefs habiles, obéissant à la fois aux passions religieuses et aux haines de parti. Dans les rangs des champions de la réforme va figurer Charles Dupuy, seigneur de Montbrun ; Guy Pape de Saint-Auban et le sire de Vercoiran se poseront auprès de lui en humbles satellites et sous ses ordres subiront son ascendant, sa morgue et ses projets. Leur lâche abandon de la foi des aïeux, leur désertion de la cause royale nous expliquent la part active que prirent les Baronies aux événements d'une époque si féconde et si dramatique. Nyons passe au camp des novateurs; Mirabel, Mollans et le Buis demeurent fidèles aux antiques traditions. Enlevés d'assaut, pillés, dévastés, ils se relèvent et toujours déploient un noble courage pour briser le joug des Huguenots ou repousser leur domination qu'ils avaient vu se traduire en brigandage, meurtres et incendies.

Les annalistes du temps ont été d'une sobriété vivement regrettable à l'endroit du rôle qu'a joué Mollans; ils ne lui font qu'en passant et sans détails l'aumône d'une mention; mais leur silence ne saurait caractériser une abstention complète des faits et un état calme et régulier, alors que la guerre et l'anarchie régnaient partout. Mollans était une porte des Baronies; cette circonstance et plus encore son système de fortifications heureusement adapté aux accidents des lieux en faisaient un point stratégique dont les Calvinistes n'ignoraient pas l'importance et la valeur. De là, les efforts qu'ils tentèrent pour s'en emparer; de là, ces attaques, ces essais d'escalade couronnés quelquefois de succès et souvent aussi déjoués par le patriotisme et l'ardeur belliqueuse des habitants.

Déjà, par des soulèvements isolés, symptômes

d'une prochaine explosion, les sectateurs de Calvin avaient montré ce que pouvait leur audace, lorsqu'en 1560, un gentilhomme des Baronies arborait publiquement l'étendard de la révolte. Sommé de venir comparaître à Grenoble pour les bâtonnades, violences et sévices qu'il exerçait à l'égard de ses vassaux de Montbrun, afin de les amener au prêche établi par lui dans l'église paroissiale, Charles Dupuy s'empare traîtreusement, en une pacifique entrevue, du prévôt des maréchaux de France et le fait jeter lui et ses archers dans les prisons de son château. Ce défi au parlement, c'était la guerre civile avec toutes ses horreurs et toutes ses atrocités; car Montbrun arme aussitôt ses gens, entre en campagne dès le mois d'août et secondé de Paul Mouvans, autre fougueux partisan des nouvelles erreurs, tombe sur deux places qu'il veut saisir et garder comme otages. Il surprend Mollans, le rançonne, puis va s'abattre avec sa horde de l'autre côté de l'Ouvèze, où prieurés, monastères et édifices religieux sont livrés à la rapacité de ses paysans. Ce début l'encourage, et chargé d'un butin sacrilège, il court vers Malaucène qu'il emporte avec la même facilité, tant fut rapide ce premier mouvement insurrectionnel. La dévastation de ce bourg, l'incendie de ses églises, le massacre de ses habitants révèlent les instincts des Huguenots et vont porter au loin la terreur et l'effroi (1)

(1) *Histoire de Vaison*, 187. — *Histoire des guerres du Comtat*, 1, 94.

Quand fut passé l'enivrement de la victoire, Montbrun fortifia sa conquête et se disposa à la défendre vaillamment ; cependant malgré toutes les précautions qu'il avait prises, son courage faillit et voyant l'orage s'amonceler autour de lui, il abandonna lâchement Malaucène, sans attendre les généraux envoyés pour le réduire et le soumettre. Convaincu de son impuissance à résister à des forces supérieures et cédant à la fois à des considérations personnelles, il accepte ensuite les conditions d'un traité de paix et remet l'épée dans le fourreau ; mais bientôt changeant d'attitude et foulant aux pieds des engagements arrachés par les circonstances, il lève des troupes et parcourt de nouveau le pays en ennemi. Ce brusque retour à l'insoumission provoque le blâme et la colère, et des sentiments qu'il fait naître sort l'ordre de le poursuivre à outrance, afin que saisi et conduit à Grenoble, il y soit jugé comme un rebelle et un séditieux.

La Motte-Gondrin et le comte de Suze réunissent un corps nombreux et marchent au-devant de Montbrun qui avait sous la main environ quatre cents hommes. Une rencontre eut lieu près de Mollans ; mais en cette rencontre l'enjeu du combat ne demeura point au vainqueur. Assuré d'une défaite s'il attaquait de front la petite armée des catholiques et d'ailleurs ne comptant à son service qu'une faible cavalerie, le capitaine huguenot embusque ses soldats derrière un tertre dominant la route où devaient passer ses adversaires, fond sur leur avant-garde et la taille en pièces. Gondrin arrive bientôt avec le gros de ses troupes, rallie les fuyards, et, à son tour, présente résolument la bataille à Montbrun. Celui-ci résiste un instant, puis cède au choc des assaillants, et, craignant d'être pris, demande son salut à une fuite précipitée, laissant ses compagnons d'armes ou tués, ou prisonniers, ou courant à travers les vallons; mais il emportait la fortune de la réforme et cette fortune devait le ramener, deux ans plus tard, en nos contrées, avec toute la gloire et le prestige d'un chef puissant et redouté (1).

La proximité du lieu où il s'accomplit, l'émoi et l'agitation qu'il répandit dans le bourg, la part que prirent les habitants au dénouement, tout donne à cet épisode de nos dissentions civiles un cachet de couleur locale, au profit des annales de Mollans. Fortement attachée à ses croyances religieuses, la population n'avait vu qu'avec stupeur les derniers événements dont elle avait été victime et en prévision des éventualités elle concentra son énergie, ses ressources et son patriotisme pour conjurer le péril et repousser loin d'elle un culte nouveau qui se présentait escorté de violences, de pillages et d'incendies. La semence prétendue

---

(1) *Histoire du Dauphiné*, par Chorier, tome 2, 547.

évangélique ne levait que sur un sol couvert de ruines et arrosé de larmes et de sang ; mais elle étouffait, là où l'union des cœurs et des esprits armait les bras et faisait courir hommes et femmes sur les créneaux, à la défense de leur foi, de leurs demeures, héritage sacré des aïeux.

Un peu de calme suivit ces premières convulsions d'une société attaquée dans ses parties les plus vitales. Mollans comprit toute la valeur de ce repos et, fort des enseignements d'un passé naguère plein d'alarmes pour lui, il tourna son activité vers un but unique, la conservation de son indépendance et de sa liberté. Les ponts-levis, les remparts, les donjons étalaient aux regards des dégradations qu'il fallait réparer, sous peine de voir la place tomber encore au pouvoir d'un ennemi audacieux. De grands travaux eurent lieu et la municipalité, jalouse de veiller au salut général, confia la garde des portes à une milice fidèle et dévouée qui, en face de l'ennemi, soutenait vaillamment les soldats de la garnison.

Ces mesures, ces précautions, ces sacrifices demandés aux habitants, les événements de 1562 en démontrèrent la sagesse et l'opportunité. Armé d'abord pour la bonne cause, puis devenu fougueux sectaire par dépit et rancune, le baron des Adrets se posa en chef des réformés, parcourut le bas Valentinois, le Comtat et mit tout à feu et à sang. Avec lui réapparaissait Montbrun, dont l'infatigable ardeur, pendant bien des années, allait tenir en de continuelles appréhensions les bourgs et les villages des Baronies. Non loin de Nyons qui, sous l'empire des circonstances, avait pris le rôle d'un foyer de troubles et de propagande à main armée, Mollans devint un point de mire pour les camps volants et les guérillas des huguenots. Longtemps il résista aux surprises, aux stratagèmes et aux siéges réguliers; mais si le bourg parvint à écarter les horreurs d'une prise d'assaut d'un pillage après la victoire, il eut à traverser les angoisses et les inquiétudes d'un qui-vive général. Ses fertiles campagnes n'offraient qu'un spectacle de deuil; pas un vallon qui ne fut dévasté; troupeaux, moissons et fruits de la terre étaient ravis aux tenanciers découragés; la stérilité d'un sol abandonné vint ajouter bientôt à la pénurie et la disette d'habitants rudement éprouvés déjà et succombant sous le poids des subsides de guerre et de l'entretien des troupes cantonnées dans leurs murs.

Glorieux et ferme soutien des catholiques, de Gordes écrivit souvent aux consuls de Mollans pour les affermir et leur tracer la ligne de conduite à suivre au milieu des pénibles conjectures où les jetaient les événements. Ses conseils relevaient courage de la communauté et plus d'une fois préservèrent de périls imminents. Les tracasseries et violences auxquelles se livraient les huguenots tenaient les esprits dans un état de conflagration qui, dans les Baronies, allait prochainement amener l'effusion du sang, lorsque de Gordes, en 1566, s'aboucha avec Montbrun et Saint-Auban pour calmer l'effervescence et réfréner l'ardeur des deux partis. L'entrevue eut lieu près de Mollans et fit éclater au grand jour le caractère de modération et d'équité dont se revêtaient les actes de l'intendant du Dauphiné, à l'encontre même de ses adversaires les plus acharnés (1). Mais ce colloque, palliatif d'un moment, laissait aux passions, aux haines leur mobile et leur raison d'être ; un instant comprimée, la lutte recommença bientôt, et le Buis, l'année suivante, était enlevé par surprise. Mollans eut-il le même sort? rien ne nous autorise à le croire. Battus et repoussés, les détachements des réformés pouvaient agir plus loin et faire payer la résistance de Mollans aux bourgs voisins ; d'autres routes conduisaient d'ailleurs au Buis, moins faciles, il est vrai ; mais les variations et les péripéties de la guerre ne laissaient guère le choix des passages et ceux des montagnes n'étaient point inconnus aux bandes calvinistes.

Les années se succèdent et ce qu'elles apportent et ce qu'elles laissent derrière elles forme un même tableau dont les couleurs sont empruntées, aux aspirations de la haine et de l'anarchie. Le

---

(1) *Histoire du Dauphiné*, par Chorrier, tome 2, p. 612.

sceau de la guerre civile était empreint sur les événements qui se déroulaient avec une effrayante rapidité, circonscrits dans les mêmes contrées. Courtes haltes au milieu du sang et des ruines, temps d'arrêt consacrés à raviver des forces épuisées, les trêves, les armistices donnaient des espérances toujours fugitives et le bruit du canon ne tardait pas à réveiller ceux qu'avaient endormis la lassitude et le désir de la paix. Le champ clos, un instant condamné au silence et à la solitude, voyait reparaître les combattants et le drame continuait joué par des acteurs promptement remplacés. Catholiques et huguenots, gentilhommes et roturiers, villes et bourgs, tout avait son rôle et sa part d'action sur ce théâtre sanglant.

Le comte de Suze assiégeait Loriol en 1570, avec des forces assez nombreuses pour lui assurer la victoire ; mais la jalousie de quelques officiers ayant semé la mésintelligence dans son camp, un profond découragement s'empara du général en chef et le siége fut levé. Rendus à la liberté par ce fâcheux incident, les réformés sortent de la place et leurs détachements s'avancent jusqu'à Nyons et jusqu'au Buis, brûlant et saccageant tout sur leur passage. Mollans put-il échapper aux mauvais instincts de ces bandes, la terreur des campagnes ? Ses archives et une tradition constante nous dépeignent cette époque avec de sombres couleurs ; elles sont grosses de révélations, et l'événement qu'elles assignent à l'année 1571, doit appartenir aux gestes de ces calvinistes longtemps bloqués, et après leur délivrance inespérée, se ruant à travers les Baronies. Quoi qu'il en soit, une deuxième fois Mollans succombait ; ses habitants étaient passés au fil de l'épée, et les titres des biens de l'hôpital et des revenus ecclésiastiques livrés presque tous aux flammes. Ces horreurs, cette boucherie ont fait date et leur souvenir est consacré dans les mémoires contemporains et le langage du peuple par ces mots expressifs : *L'année du massacre* (1).

Cependant, ouverte depuis vingt ans, la lutte s'amoindrissait et le dénouement semblait ne pas être éloigné, lorsque pour en rapprocher le terme naquit un troisième parti. La Ligue eut ses généraux, ses armées, s'incorpora des forces éparpillées et les dirigea vers un but national et patriotique, l'exclusion d'un prince huguenot du trône de saint Louis. Son influence, son rapide développement en Dauphiné faisaient présager la chute prochaine de la faction calviniste ; presque tous les bourgs en effet s'étaient déclarés en faveur de cette association dont les succès grandissant devaient étouffer l'hydre de la guerre civile et rendre au peuple la paix et la sécurité. En 1580, Maugiron confia à François d'Urre la garde de Mollans et de Mérindol ; ce gouverneur

---

(1) *Histoire des guerres du Comtat*, tome 2, 45.

eut à les défendre et contre les huguenots et contre les Ligueurs; car Maugiron était l'adversaire des uns et des autres (1). Héritier du commandement de Montbrun, mort en 1575 sur un échafaud, Lesdiguières déploya vis-à-vis de ces nouveaux ennemis une série d'opérations que ne ralentirent ni la peste, ni la famine de 1580.

Sous l'étreinte de deux fléaux ravageant à la fois et le Comtat et le bas Valentinois, Mollans réduit aux abois n'était plus que l'ombre de lui-même, et cependant de cruelles épreuves l'attendaient encore ; l'adversité pour lui n'avait pas dit son dernier mot. Il cicatrisait ses plaies, réparait les désastres passés ; la vie revenait peu à peu à cette communauté défaillante ; mais de vives alarmes paralysèrent bientôt ce généreux retour vers une position meilleure. En 1587, les huguenots étaient aux portes, arrachant une à une toutes les conquêtes acquises aux Ligueurs dans les Baronies. Lesdiguières venait d'emporter Eygaliers et Bénivay. Pierre-Longue avait succombé, et Mollans, surpris, couronnait par sa reddition une campagne dont les glorieux résultats étaient dus à la célérité des mouvements autant qu'à l'épuisement des places enlevées. Le vainqueur ramène ses troupes harassées à Nyons, y laisse son artillerie qu'un laborieux service, avait démontée, et après

---

(1) *Histoire de la Noblesse du Comtat*, par Pithou-Curt.

quelques jours d'un repos utilement employé va mettre le siége devant Poët-Laval. Ramefort, capitaine ligueur, tente vainement de soustraire Mollans et Venterol au parti réformé. Suivi de cent vingt cavaliers et de quatre cents arquebusiers, il croit obtenir leur délivrance en intimidant la garnison par le déploiement de ses forces et l'habileté de ses manœuvres, mais les huguenots résistent, forts de la pensée qu'ils seront secourus et que les assaillants ne peuvent rien entreprendre de sérieux, menacés sur leurs derrières par les camps-volants qui se détachaient du quartier général et tenaient les catholiques en échec. Plus heureux ou plus adroit, un second corps se présenta devant Mollans, le reprit et fit cesser une domination marquée au coin de la violence, de l'arbitraire et de la terreur. La perte de ce bourg et celle des forteresses enlevées par la Valette causèrent une vive irritation dans le camp des huguenots; en peu de mois, ils avaient vu s'évanouir les résultats d'une brillante expédition qui, un instant, leur avait fait espérer un triomphe complet et assuré (1).

Pressé sur tous les points à la fois, ici vaincu, là relevant son drapeau, Lesdiguières ne se laissait point aller aux défaillances d'une âme faible et découragée. Son énergie croissait avec les obstacles et sa confiance en sa propre valeur, il l'inspi-

(1) *Vie de Lesdiguières*, par Vidal, 71; — id., 78.

rait à ses lieutenants. Dépourvu de munitions, impuissant à solder des recrues qui ne trouvaient plus à piller, il envoya Blacons et Gouvernet dans le Comtat pour refaire ses finances et remplir un coffre-fort rarement à la hauteur des besoins et des exigences de la cause à laquelle il vouait ses talents, son courage et sa vie ; mais appauvris par trente ans de guerre, les villages et les communautés ne pouvaient offrir que ruines et campagnes désolées. Les subsides levés tour-à-tour au profit de chaque parti, avaient creusé un abîme de misères; le travail des champs, le commerce et l'industrie, qui seuls auraient pu combler le vide et ramener un peu d'aisance et de bien-être, les hostilités en comprimaient l'essor et tarissaient les sources vitales du pays.

La tâche imposée aux deux capitaines huguenots semblait donc ne devoir aboutir qu'à une stérile oppression du peuple. Les difficultés de leur mission éclatèrent au grand jour et quand ils demandaient des pistoles et des écus, ils trouvaient les portes fermées ; en beaucoup de lieux, les habitants coururent aux armes plutôt que de subir la rançon ; il fallut les réduire par la force ou passer outre. Informé des obstacles à travers lesquels s'accomplissait leur mandat, Lesdiguières (c'était au commencement de l'an 1589), abandonne le siége de Marsanne, saccage Donzère au pas de course ; puis concentrant son armée à Saint-Paul-

Trois-Châteaux, il part de cette ville pour soumettre lui-même les récalcitrants. Colonzelle, Chantemerle et Valaurie tombent en son pouvoir et paient chèrement les honneurs d'une résistance au chef des calvinistes du Dauphiné. Bouchet, Richerance et Rochegude, mieux avisés, lui envoient une députation et le satisfont avec de l'argent. Stimulé par le facile succès remporté jusquelà, il s'avance, pénètre dans le Comtat et lève la taxe à Queyranne, à Buisson, à Ville-Dieu et à Puyméras. Tout cédait et pliait devant ce terrible collecteur de tailles et d'impôts. *Payerez ou brûlerez :* ces mots, commentés par les faits, avaient abaissé les barrières et ouvert l'escarcelle du manant et de l'artisan.

Mollans n'ignorait point la nature des arguments qu'employait le général, en quête d'or et de subsides, et cependant l'exemple des places voisines ne l'intimida point. Plusieurs fois il avait subi la domination des huguenots; mais le souvenir d'un siège naguère soutenu contre des forces supérieures donnait aux habitants la mesure de ce qu'ils pouvaient encore, et puisant leur résolution dans le sentiment d'un patriotisme las de violences et de tyrannie, ils refusèrent de capituler, et aux sommations de se rendre, ils opposèrent une attitude guerrière devant laquelle s'excita la fureur de troupes accoutumées à vaincre sous le commandement de Lesdiguières. Les assiégeants ayant trois couleuvrines et deux pièces de campagne à leur service, devaient avoir raison de l'ardeur et du courage de ces tenanciers et laboureurs debout sur les créneaux, près de leur valeureux capitaine Constantin Consolin. La lutte engagée et conduite avec une égale habileté des deux côtés ne fut point longue ; mais elle revêtit ce caractère d'opiniâtreté qui enfante l'héroïsme et les glorieux incidents. Depuis sept heures du matin jusqu'à trois heures après midi, un point des remparts demeura sous l'action incessante des canons (1). Les boulets sifflent, entament les murailles et couvrent de débris et de matériaux les défenseurs de la place. Quelques uns tombent ; d'autres s'emparent aussitôt de leur poste. L'amour du pays natal, le désir de venger un frère, un ami, l'horreur du calvinisme, tout les entraîne, les anime et le péril a pour eux des attraits. Cependant une brèche est signalée ; là se porte l'attention afin de réparer les dégâts ; là meurent aussi beaucoup de combattants. Lesdiguières, jugeant le moment opportun, fait taire son artillerie et ordonne un assaut qu'appellent les vœux de soldats stimulés par la haine et l'espoir du pillage. Alors la mêlée devient horrible ; malgré de suprêmes efforts, malgré une résistance inespérée, la colonne ennemie monte comme un flot envahissant, gagne le sommet du mur endom-

---

(1) L'artillerie était placée là où s'élève la maison de M. Aléa.

magé, et renversant les assiégés, dont les rangs étaient éclaircis, se jette dans la place à travers les corps des blessés et des mourants.

Le brave Constantin mourut sur la brèche après avoir tenu tête à l'ennemi pendant une heure. Témoin de son intrépidité et le voyant frapper d'estoc et de taille avec l'impétuosité d'un Bayard, Lesdiguières lui cria au fort du combat: *Sauve le vaillant!* Le vaillant aima mieux se faire tuer; mais sa mort devint le signal du massacre et du sauve-qui-peut. Le bourg est enlevé et le château où s'étaient retirés en désordre les débris de la milice, se rendit bientôt à discrétion. Ce mémorable siége du 18 février 1589 ne fut point sans deuil pour les vainqueurs; s'il rehaussait leur gloire, la perte qu'ils y firent attestait à un haut degré la résistance d'une population qui, après sa défaite, pouvait dire avec orgueil : Tout est perdu, fors l'honneur. Les huguenots eurent douze blessés et cinq officiers tués, parmi lesquels figurait Vassieux, homme de mérite et cher à son parti. Cent vingt habitants payèrent de leur vie le courageux refus de livrer leur patrie. Plus heureux que les survivants, ces pères de famille, ces citoyens victimes des guerres civiles n'eurent pas à contempler le douloureux spectacle qu'offrait Mollans pris, saccagé, puis abandonné pour d'autres lieux moins solitaires et moins déserts (1).

(1) *Histoire des guerres du Comtat*, tome 2, 276; — *Vie de Lesdiguières*, page 190. — Extrait du *Journal des guerres de M. Des Diguières*, par le président Calignon.

S'il convenait à Lesdiguières de battre monnaie comme un pirate et un flibustier, il n'entrait pas dans ses vues de garder un bourg pour longtemps condamné à la misère et aux privations. Il partit donc, laissant derrière lui un éclatant témoignage de l'énergie de sa volonté, à l'encontre d'un obstacle mis à ses desseins. Le 22 du même mois, il s'abouchait à Venterol avec le comte de Château-Villain et le sieur de Mure, et concluait une trève dont la teneur assurait aux Baronies une paix vivement désirée. Le bruit de ce nouveau triomphe, en applanissant les difficultés du moment, n'enlevait rien à la gravité des événements qui s'accomplissaient ailleurs, au profit d'une cause plus sympathique à la nation. La Ligue étendait son réseau d'association en Dauphiné et devant sa marche progressive et victorieuse, les calvinistes reculaient et concentraient leurs mouvements. Les hostilités étaient loin de présenter ce caractère de barbarie et de férocité que leur avaient imprimé d'abord des Adrets et Montbrun. Les communautés pliaient encore, il est vrai, sous le poids des rançons, des aides, des fournitures et de l'entretien des troupes cantonnées çà et là; mais les derniers efforts des factieux accusaient leur lassitude et leur déclin, et partout se produisaient les symptômes d'un prochain apaisement des agitations et des troubles.

L'abjuration de Henri IV et l'édit publié à Nantes

en 1598 désarmèrent les Ligueurs et les Huguenots ; tous sacrifièrent leurs rancunes, leurs haines et leurs passions, subjugués par l'ascendant d'un prince qui, devenu fils aîné de l'Église et le front ceint d'une couronne glorieusement portée, sut enchaîner la révolte à l'intérieur et dompter les ennemis au dehors. Nos contrées saluèrent avec transport ce nouveau règne, sorti des tempêtes sociales comme un soleil radieux, dont la lumière et la douce chaleur ramènent la vie, le repos et la sécurité en des lieux jusque-là désolés par l'orage. Libres de toute crainte et confiants dans l'avenir, les habitants de Mollans travaillèrent avec ardeur au rétablissement de leur prospérité évanouie. Église, hôpital, prieurés, chapelles rurales, institutions municipales, agriculture, commerce et industrie, tout révélait l'empreinte du fanatisme et de l'impiété, tout languissait dans le marasme et la léthargie. Pour relever tant de ruines accumulées pendant quarante ans, pour effacer les traces des discordes, il fallait des ressources ; il fallait l'aisance, le bien-être et le mouvement du travail.

Ils s'adressèrent au restaurateur de l'ordre, au monarque béni sous le chaume et le castel, attendant de sa vive sollicitude une mesure qui allait donner une nouvelle impulsion aux intérêts matériels. Les foires et marchés autrefois octroyés par les dauphins, ou n'existaient plus, ou ne répondaient qu'imparfaitement aux vœux de populations avides de renouer des liens rompus. Considérant les besoins d'un bourg si cruellement éprouvé et désireux de cicatriser les plaies d'une communauté fidèle et dévouée, Henri IV, par lettres patentes du 5 décembre de l'an 1599, autorisa la fondation de trois foires à Mollans, fixées, la première, à la fête de Saint-Marc, la deuxième, à celle de Saint-Jacques et la troisième à celle de Saint-Rambert. Ce bienfait signalé ressortit tous ses effets en 1605, époque à laquelle fut homologuée l'ordonnance du roi. Le dispositif des lettres patentes est précédé de réflexions qui résument la triste situation qu'avaient faite à Mollans les guerres et les dissentions. La prise du lieu, le massacre des habitants, l'existence de nombreuses ruines, une extrême détresse occasionnée par le passage des troupes et la levée de tailles et subsides, tout y est consigné ; tout y est présenté aussi comme devant appeler sur la communauté une protection rénumératrice et généreuse. Des relations nouvelles, et qu'un assentiment général concourrait à développer, ne tardèrent point à rendre à ce bourg déshérité de ses vieilles prérogatives, l'activité et l'animation de ses meilleurs jours. La culture des champs, la fabrication de draps grossiers et de petites étoffes, la vente de fruits recherchés, les bestiaux élevés sur son territoire constituèrent pour lui autant de sources, où les consuls puisèrent longuement, alors que, cédant à de généreux instincts, ils voulurent réparer, améliorer et innover (1).

Les premiers efforts se dirigèrent vers la restauration de l'église paroissiale de Notre-Dame-de-la-Lauze. Dépouillée de son ornementation intérieure et des objets les plus précieux, puis brûlée et démolie en partie, elle n'offrait aux regards que murs calcinés, noircis et croulants dont l'aspect attristait vivement une population demeurée ferme en ses croyances. Les travaux étant conduits avec lenteur et se ressentant de la pénurie du moment, elle ne put être rendue au culte divin qu'en 1636. La bénédiction qu'en fit Mgr de Suarèz, prouve du moins qu'à cette époque elle réunissait les conditions de décence et de propreté réclamées par sa destination (2). Un instant fugitifs, un instant traqués comme bêtes fauves, curé, prieurs, choriers et recteurs de chapelles avaient rejoint le troupeau, et oubliaient dans le spectacle de la ferveur et de la piété des fidèles le dénûment et la pauvreté auxquels les condamnaient eux-mêmes le gaspillage et le dépérissement des biens et des revenus ecclésiastiques. Des legs du passé, des fondations qui assuraient l'existence de cinq ou six prêtres à Mollans, il ne restait que de faibles débris, insuf-

---

(1) Archives de la chambre des comptes. — Id. de la Mairie de Mollans.
(2) Archives de la Fabrique.

fisants à l'entretien d'un clergé nombreux. Ces vestiges d'une fortune autrefois opulente furent recueillis à grand'peine et malgré le concours empressé de la communauté, le domaine temporel de l'église se réduisit à des proportions si minimes que le personnel des bénéficiers et titulaires de prébendes ne dut se composer ultérieurement que d'un prieur, d'un curé et d'un vicaire. Les oratoires, les prieurés semés dans les champs, en deçà et au-delà de l'Ouvèze, accusaient plus hautement encore la fureur et la haine des Huguenots ; aucun n'avait été respecté et leurs ruines éparses prêtaient une sombre mélancolie aux campagnes jadis si fécondes et si animées des environs. Quelques-uns furent relevés; d'autres voués à l'abandon témoignaient de l'appauvrissement où la guerre avait jeté les corporations religieuses auxquelles ils étaient annexés ; parés d'un manteau de lierre, ou envahis par les ronces, ces solitaires décombres longtemps fixèrent l'attention du pâtre et du tenancier; puis, enlevés au profit de l'agriculture et des exigences du positivisme, ils disparurent et aujourd'hui vainement l'archéologue les demande pour les interroger et leur arracher les secrets du passé. Tout s'est évanoui; un nom seul proteste contre l'oubli et consacre encore le quartier où s'élevaient ces sanctuaires bénis et chers à la dévotion des aïeux.

D'un patriotisme toujours à la hauteur de la

tâche que lui avaient faite les circonstances, la municipalité aborda courageusement tous les intérêts et mit la main sur chaque plaie, afin de la penser et de la guérir. L'ancien hôpital était debout; mais corps sans âme, il avait perdu à travers les convulsions et les troubles, les rentes, les biens-fonds sur lesquels reposait son action vitale et bienfaisante. Grâce au zèle des habitants et aux investigations des consuls, il recouvra les titres usurpés et s'enrichit de nouvelles dotations; peu à peu reconstitué, le patrimoine des pauvres fut confié à un recteur assisté d'un conseil d'administration.

Déjà revenait le bien-être à nos communautés qui, lasses d'agitations, se repliaient sur elles-mêmes et sous l'influence de la tranquillité intérieure faisaient disparaître une à une les traces d'une époque de sang et d'anarchie; déjà commençait à circuler la vie dans toutes les parties du corps social, lorsque la mort de Henri IV vint consterner les esprits et raviver des passions mal éteintes. L'intrigue, l'ambition, le mécontentement attisent de nouveau le feu de la guerre civile, et à la voix de Brison, les Cévennols courent aux armes, s'emparent des bourgs et par leurs violences, forcent les catholiques à redescendre dans l'arène. Le mouvement insurrectionnel grandissait comme un incendie qui dévore tout sur son passage et s'étendait vers le Rhône, menaçant d'embraser bientôt ses deux rives. Le fils du trop célèbre Montbrun se joint aux rebelles et de concert avec Blacons surexcite les Huguenots du Dauphiné, les enrôle et fort de l'absence de Lesdiguières, gouverneur de la province, il enlève, en 1621, quelques places dans les Baronies et le Valentinois. Presque toutes étaient ouvertes et celles qui avaient échappé au démantèlement prescrit, en 1580, par le duc de Mayenne, tombent en son pouvoir, avant même que les populations stupéfaites aient pu organiser une défense sérieuse. Il avait divisé son armée ; plusieurs points furent envahis à la fois ; cette tactique empruntée aux souvenirs récents des luttes précédentes, lui valut les rapides succès qu'il obtint et dont le retentissement alla, d'écho en écho, de vallon en vallon, semer l'effroi partout et partout réveiller des haines assoupies.

Tel bourg croyait Montbrun guerroyant dans la Valdaine qui soudain était attaqué par un détachement. Puygiron, Poët-Laval, Châteauneuf-de-Mazenc, Reilhanette avaient succombé. Endormi en une fausse sécurité ou surpris au sein de ses préparatifs, Mollans devint la conquête de cet audacieux partisan qui, renouvelant les faits et gestes des premiers apôtres de la réforme, pilla les maisons, rançonna les habitants et leur rappela les scènes de deuil, les jours d'opprobre et de terreur qu'avaient vu se lever leurs pères. La prise et le sac de Mollans eurent lieu un lundi, neuvième jour du mois d'octobre. Les d'Urre étaient absents et le bourg sans gouverneur ; mais le curé, messire Méric, ne prenant conseil que de son affection pour ses paroissiens, rallie les paysans, les conduit au château et là payant d'exemple résiste aux efforts des Huguenots furieux d'avoir manqué leur proie. Ce capitaine improvisé, ces artisans devenus soldats bravent les rigueurs et les dangers d'un blocus. Quand fut venue la délivrance, tout avait été ravagé ; seule échappa aux instincts de barbarie, la maison seigneuriale gardée vaillamment, durant plusieurs mois, par un prêtre et une poignée de villageois.

Enorgueillis de leurs succès, les Huguenots laissent quelques compagnies devant le château, puis continuant leur marche, vont assiéger le Buis. Mais le ciel vient en aide aux habitants d'une ville qui savent combattre et prier ; l'ennemi est repoussé avec perte et sa défaite, juste expiation des excès commis à Mollans, rend aux villages voisins une sécurité dont ils profitent pour parer à des malheurs et à des appréhensions qui ne se réaliseront pas ; car Lesdiguières, informé de cette brusque levée de boucliers, accourt en Dauphiné, bat les Calvinistes, les chasse des postes qu'ils occupent et contraint le marquis de Montbrun à licencier son armée. Depuis longtemps séparé de ses coreligionnaires au point de vue politique et social, ardent à châtier leurs révoltes, l'intrépide général allait, un an plus tard, déserter leurs croyances et abjurer un culte désavoué par la raison, alors que, libre de tout entraînement et de toute influence étrangère, elle en étudie, calme et recueillie, l'origine, le fond et les tendances (1).

Comme un torrent dont les eaux mugissent, furieuses, entre de puissantes digues, le parti huguenot subissait le joug de l'autorité, mais toujours insoumis, toujours remuant ne l'acceptait jamais. La prise de Mévouillon en 1626 et le démentèlement en 1627 et 1629 de quelques fortifications encore debout soit à Nyons, soit à Mérindol achevèrent de pacifier le midi de la province et enlevèrent aux factieux, désormais incapables de résister en pleine campagne, tout espoir de s'abriter derrière ces mêmes donjons féodaux, où naguère flottait leur étendard. Le fort supérieur de Mollans ou citadelle bâtie près du *Portalet* avait été rasé, en 1623, par arrêt de Louis XIII, signé le douzième jour du mois de novembre (2).

Tandis que le Vivarais s'épuisait en de stériles efforts, nos contrées revêtaient un aspect pacifique et rassurant. Le mécontentement et l'exci-

---

(1) *Histoire des guerres civiles du Vivarais*, 204. — *Abrégé de l'histoire du Dauphiné*, par Chorier, livre X[e] page 232. — Archives de la fabrique.

(2) Archives de la fabrique.

tation se concentraient sourdement, trahis par des menaces, des violences et des assemblées tumultueuses. Partiels et locaux, les soulèvements tombaient peu à peu ou devant les réflexions des esprits sages et modérés, ou devant le déploiement de la force armée. Cependant malgré les leçons de l'expérience, malgré ce besoin de concorde et d'union qui animait les communautés, Mollans voyait avec douleur une nouvelle apostasie et son château devenir le siége de colloques propres à alarmer les habitants du bourg. Pressée par son époux, messire de la Tour, (1) co-seigneur du lieu, la dame de Mollans avait embrassé la réforme et peu soucieuse du bien-être de ses vassaux, n'écoutait que la voix d'un prosélytisme fervent, en quête de moyens d'action. Au prêche qui avait lieu chez elle n'assistaient pas seulement les personnes attachées à son service; elle y convoquait tous les hérétiques du voisinage et faisait ainsi de son habitation un foyer de trouble et de discorde. Ces réunions fréquentes mirent la population en émoi ; les craintes étaient d'autant plus vives que les Huguenots de Venterol et de Novaisan tramant alors une levée de boucliers, le bourg pouvait leur être livré par surprise ou par trahison. Le patriotisme et le zèle des consuls conjurèrent le péril en opposant la vigilance au mauvais vouloir de l'imprudente châ-

---

(1) Parent du célèbre La Tour-Gouvernal, capitaine huguenot.

telaine. Cet incident, dernier écho des agitations de la réforme à Mollans, devait clore l'ère des perturbations et des secousses intérieures (1).

Comprimé dans son essor par les récentes tentatives d'une faction qui mourait, le mouvement de rénovation inauguré au commencement du dix-septième siècle allait subir un nouveau temps d'arrêt. Tout bruit s'éteignait ; le canon avait cessé de gronder ; on respirait à l'aise et la confiance renaissait : mais soudain, aux portes de nos villages apparut un ennemi contre lequel ne pouvaient rien la valeur et le courage des milices. La peste éclatait en Provence et en 1629 venait s'abattre sur le Dauphiné, comme un vautour cherchant des cadavres et une proie. Aux cruelles anxiétés que réveillait le fléau encore éloigné, succéda bientôt une panique générale ; à mesure qu'il avançait, fuyaient les populations éperdues en des lieux non frappés. L'émigration ajouta aux terreurs et vint donner raison aux appréhensions d'un mal déjà exagéré sous l'empire de rumeurs circulant de paroisse en paroisse. Les prescriptions du *conseil de santé*, la clôture de l'enceinte murée, l'interdiction de rapports avec les étrangers ne purent sauver Mollans des atteintes de la contagion ; elle pénétra dans l'intérieur et s'y installa, suivie de son hideux cortège. Les archives locales constatent le dévoue-

(1) *Histoire de l'église de Vaison*, page 226.

ment des premiers magistrats et les précautions sanitaires et hygiéniques auxquelles on avait ordinairement recours en ces époques de deuil et de calamité ; quant aux ravages, quant au nombre des morts, les registres consulaires sont muets et par leur silence laissent le champ libre aux conjectures. L'érection de la confrérie de Saint-Roch marqua la décroissance de la peste ; souvenir d'un bienfait éclatant, cette institution consacrée par un vœu de la municipalité dut se perpétuer en témoignage de la reconnaissance des habitants, rassurés désormais contre le retour d'un pareil visiteur. La dévotion à Saint Roch et la solennité qui environne son culte empruntèrent un vif éclat à l'annexion de deux autres confréries également très-populaires à Mollans, celle de Saint-Sébastien fondée en 1615 et celle de Saint-Fiacre, patrons aussi des pestiférés. (1)

Quelques années s'écoulèrent et le temps, ce remède souverain qui triomphe de nos larmes, de nos regrets et de nos souffrances, avait jeté un voile épais sur les douleurs et les épreuves de nos populations naguère décimées. Le travail, le commerce et l'industrie firent une salutaire diversion aux tristesses du foyer veuf de la plupart de ses hôtes. Abattu et jeté aux dernières limites de la tristesse, Mollans se releva, et puisant une nouvelle

---

(1) Archives de la Mairie. — Id. de la fabrique.

énergie dans le sentiment de ses forces déchues, de sa prospérité évanouie, regagna plein d'ardeur la voie d'où l'avait fait sortir une puissance irrésistible, un moment déchaînée contre lui.

Les intérêts sur lesquels reposait le bien-être de la communauté eurent une ample satisfaction, fécondés et développés par le seul élément vital qui n'avait pu être altéré ni amoindri. Il faut le dire, à la gloire des habitants de ce bourg, leur attachement à la religion catholique était inébranlable et survivait aux tourmentes et aux tempêtes sociales, plus vif et plus épuré; jamais les violences, les menaces et les persécutions d'une minorité audacieuse n'avaient amené chez eux le trafic des consciences. Ailleurs dominaient les Calvinistes; ailleurs se dressait autel contre autel; dans leurs rangs, l'immense majorité ne connaissait qu'une devise: *potius mori quam fœdari.* Encore tendre et naïve comme celle des aïeux et retrempée au souffle de l'adversité, leur foi dégagée des entraves qui arrêtaient son mouvement d'expansion, se révéla sous mille formes, empreignant tous les actes de la vie publique et privée. On la voit se manifester dans les institutions religieuses créées ou restaurées pendant le dix-septième et le dix-huitième siècle.

La construction d'un oratoire dédié en l'honneur de Saint Joseph et celle d'une chapelle composée du chœur de l'ancienne église du prieuré de Saint-Michel avaient signalé le retour aux traditions pieuses, lorsqu'en 1654 fut organisée la confrérie des Pénitents blancs, sous le vocable de Notre-Dame de Pitié. Richement dotée à son début et jouissant d'un haut renom, elle eut une chapelle et un aumônier spécial (1). De proportions vastes et régulières, l'édifice où se réunissaient les membres du confalon, devint, en 1709, le siège de l'association de Notre-Dame des Sept Douleurs. Quatre petits sanctuaires s'élevèrent bientôt en des sites pittoresques, publiant tous la gloire de la mère de Dieu; car leur douce et poétique appellation se traduisait par les titres de Notre-Dame des Lumières, de Notre-Dame des Anges, de Notre-Dame de la Blanche et de Notre-Dame de la Compassion.

La nomenclature des agrégations, enfantées par cet esprit religieux qui animait hommes, femmes, enfants et vieillards, n'offre pas un moindre intérêt. Celle de Sainte-Anne, fondée en 1632, celle de Saint-Marc en 1640, celle du Rosaire en 1669, celle du Saint-Sacrement et des Agonisants en 1695, et enfin celle des Filles en 1729, répondaient à tous les besoins et à toutes les aspirations d'une paroisse où les appétits grossiers et sensuels n'étouffaient point les nobles sentiments du cœur

---

(1) La chapelle des Pénitents fut bâtie sur l'emplacement du cloître de l'ancienne église, emplacement désigné sous le nom de *clastre* du mot *claustrum*, cloître.

et les sublimes élans d'une âme ayant la conscience de ses destinées (1).

L'hôpital était reconstitué et assis sur des bases solides, grâce aux largesses de Jean-Baptiste d'Urre, de Thomas Ginoux, notaire et d'autres personnes jalouses, elles aussi, de contribuer à la prospérité de cet établissement ; mais au sein de cette population laborieuse, existaient des douleurs cachées, de secrètes misères ; c'était un vide à combler. Émues au spectacle de ces infortunes non secourues, des dames s'enrolèrent, assujetties à une règle commune en 1709, et messagères de la charité, allèrent porter la joie, la consolation et le confortable dans la demeure du pauvre et de l'indigent (2).

Active, vigilante et poursuivant sans relâche son œuvre réparatrice, la municipalité semblait avoir épuisé la somme des améliorations à introduire et des lacunes à faire disparaître. Les revenus grossissaient à mesure que s'éteignaient les dettes et les charges. Doté de fontaines, d'une horloge publique, de foires, d'un hôpital, d'écoles, le bourg en dépit des efforts d'une centralisation dévorant, un à un, tous les privilèges locaux au profit des grands centres, avait conservé son antique judicature ou justice seigneuriale fonctionnant sous

(1) Archives de la fabrique.
(2) Id.

la réserve de l'appel au baillage du Buis (1). Il arrivait à son apogée de grandeur et prenait rang entre les lieux les plus considérables et les mieux partagés des Baronies. Sa population remontée à un niveau supérieur révélait son importance et accusait un accroissement favorisé par le bien-être dont elle jouissait. On comptait alors dans l'enceinte ou éparses dans le mandement deux cent soixante maisons, ce qui élève à environ douze cents le nombre des habitants.

Mais au moment où fière de la position qu'elle s'était acquise, elle s'apprêtait à recueillir et à moissonner là où les générations précédentes avaient laborieusement semé, la communauté, qui s'était promptement relevée des désastres de l'hiver de 1709, vit venir à elle le deuil, l'agitation et la ruine de ses plus chères espérances. L'année 1721 s'illuminait d'un triste reflet et comme 1629, mettait aux prises avec la peste, Marseille et presque toutes les villes de la Provence. Le fléau élargissant le cercle de son action et menaçant le Dauphiné de sa marche ascendante, un cri d'effroi et de terreur s'éleva du sein des populations qui étaient voisines des contrées envahies; à ce cri, à ce péril, l'autorité opposa l'unique système de défense auquel elle put avoir recours pour tranquilliser les esprits et arrêter une plus grande extension de la maladie contagieuse.

---

(1) En 1789, cette judicature s'exerçait au Buis et non à Mollans.

Toute communication avec la Provence et les pays infectés fut brisée par un cordon sanitaire qui, partant de Tallard et de Sisteron, allait à Montbrun et de là longeant le Comtat, se terminait au Rhône. Les communautés traversées par la ligne ou placées à un faible rayon protestèrent vainement contre les réquisitions et les onéreux sacrifices qu'entraînait pour elles cette mesure de conservation générale. Elles fournirent toutes un contingent d'hommes et s'imposèrent en outre les lourdes dépenses du luminaire et du chauffage des corps de garde. Le marquis de Belrieux et M. de Launay, commissaires royaux préposés à la direction de ce cordon tutélaire, voulaient d'abord le faire passer à travers le Comtat de manière à envelopper la principauté d'Orange ; leur avis ayant été rejeté au milieu de vives discussions, le débat fut ajourné, puis repris en trois conférences tenues soit à Reilhanette, soit à Mollans et où se réunit à eux, député par le légat d'Avignon, le marquis d'Autane, commandant la cavalerie légère de Sa Sainteté. L'entente sur une si grave question échoua devant les arguments de l'amour-propre et du mauvais vouloir. Ces divergences d'opinion firent varier le périmètre de la ligne au point qu'elle embrassa Mollans, malgré tous les efforts que firent M. Thomas Ginoux et le marquis d'Autane pour la détourner et la porter à Sainte-Jalle.

A M. Ginoux, cet organe éclairé des intérêts de

son pays, nous devons le navrant tableau de la situation faite à Mollans par les exigences des troupes formant le cordon. Chaque corps de garde consommant journellement quatorze quintaux de de bois, les forêts de la communauté disparaissaient sous le gaspillage et l'ardeur obligée des bûcherons. Les officiers et les soldats peu satisfaits d'un logement offert avec spontanéité agissaient comme en pays ennemi. Toute réclamation demeurait sans résultat; toute justice était refusée aux plaignants. L'Ouvèze ayant été adoptée pour point de démarcation, une barrière s'élevait à l'autre extrémité du pont et rendait impossible la culture des champs situés au-delà. L'habitant qui séduit par l'appât du gain eut tenté, en franchissant la barricade, de nouer avec le Comtat des rapports de commerce et d'industrie, était condamné à la peine capitale; cependant les soldats, se mettant au-dessus des règlements imposés à la population, trafiquaient impunément par l'exercice de la contrebande et ajoutaient ainsi, aux fruits des exactions quotidiennes, les fruits d'un bénéfice illicite et condamné. Après avoir consigné les charges que suscita la présence des troupes, après avoir énuméré les violences, les spoliations et les actes tyranniques dont fut victime le bourg de Mollans pendant vingt-sept mois consécutifs, le chroniqueur auquel j'emprunte ces détails ne craint pas d'avancer que la peste eut été moins pernicieuse. Son assertion paraîtra moins exagérée, si pour l'apprécier nous tenons compte de la position qui avait été faite à ce témoin des souffrances et des angoisses de son pays.

L'historien, qui écrivait, une à une, les péripéties de cette longue et douloureuse phase, devait en marquer le dénouement avec joie. La ligne fut levée aux derniers mois de l'année 1722 et rendit à leur vie propre et indépendante les communautés jusque-là parquées et sans liberté d'action. Le régiment du Nivernais partit du Buis le 1er décembre et se dirigea vers le Comtat; huit jours après, celui du Boulonnais évacua Mollans et Mirabel pour aller prendre son cantonnement en Gascogne (1).

A ces deux années de crise, d'amertume et d'irritation succèdent des années calmes et prospères. Mollans revêt, peu à peu, sa physionomie ordinaire, mélange de paix et d'animation, de solitude et de travail. Délivré du cauchemar qui pesait sur lui comme une main de fer, il continue sa marche interrompue et se laisse guider par de généreux instincts, l'appelant à des voies nouvelles et inconnues.

Enfant de la vieille société, fait à son image, chargé de ses dons, de sa munificence et de ses souvenirs partout empreints, il alla se heurter

(1) Voir les protocoles du cabinet de M. Morenas, notaire à Mollans.

contre 89 et quand, tout meurtri, il se réveilla de son évanouissement, il était transformé, portant le sceau d'une révolution qui, borne gigantesque aux frontières du passé, devait servir de point de départ à une autre civilisation. En tout lieu retentit la chute du trône de Louis XVI croulant avec sa monarchie; en toute communauté souffla l'esprit de vertige et de délire. La plantation des arbres de liberté, les banquets, les clubs, la présence d'un curé intrus au lieu et place du vrai pasteur condamné à l'ostracisme, tout cela fut à Mollans un pâle reflet des événements qui jetaient la France dans le sang et la boue.

Cette époque de crimes, de folies et d'aberrations sociales, l'histoire l'a stigmatisée en lui infligeant le nom de *régime de la terreur*. Partout régnaient l'anarchie, le trouble et la confusion; ce n'était point assez de toucher à l'édifice politique, de le raser de fond en comble pour lui substituer une forme de gouvernement sans analogie avec nos mœurs et nos antécédents. Les législateurs mirent une main sacrilège sur le tabernacle et voulurent changer l'économie si admirable de l'Église. Une constitution civile fut rédigée et présentée au clergé qui en l'acceptant trahissait sa conscience et son devoir. Quelques prêtres égarés prêtent le serment requis et achètent ainsi la bienveillance des démagogues; mais l'immense majorité protesta sans crainte et sans forfanterie. La peine de la déportation était au bout de ce refus ; beaucoup se l'épargnèrent en fuyant loin de leur patrie. M. François Maurin, alors curé de Mollans, parvint en 1791 à gagner un sol hospitalier et ne quitta l'Italie qu'en 1797 pour rentrer au milieu d'un troupeau livré, durant son absence, aux soins d'un pasteur mercenaire.

M. Bérard, vicaire de Mollans, ne put se résigner à déserter un poste qu'il savait cependant plein de périls. Traqué, proscrit, dénoncé, il échappa et pendant la tourmente exposa mille fois sa vie pour raffermir et consoler les fidèles. Un grenier, une cave, un antre, une maison cachée lui servaient tour à tour d'asile ; et là prêtre et assistants confessaient le Dieu de leurs pères, participaient aux saints mystères et par leur ferveur renouvelaient le spectacle des chrétiens aux catacombes. Un jour cependant, malgré le secret qui enveloppait son existence, des émissaires lancés à sa poursuite découvrirent le lieu de sa retraite et sûrs d'atteindre leur proie, creusèrent une fosse devant la porte de la maison où de perfides renseignements les avaient conduits. La mort, une mort violente l'attendait et de hideuses chansons et des blasphèmes et une joie féroce allaient mener le deuil de ses funérailles. Le courageux abbé a le sentiment de sa position ; il voit le danger et saisissant un fusil appendu près du foyer, il paraît soudain, couche en joue les plus rapprochés de lui et leur dit d'une voix ferme : *Avancez, si vous l'osez !* Stupéfaits et démoralisés par une démonstration si hardie et si peu attendue, ils reculent confus et l'intrépide vicaire profite de ce moment d'hésitation pour se sauver (1). La fosse resta vide ; mais ailleurs que de victimes succombaient, immolées aux mêmes passions !

Accompli en un lieu dont le bon esprit des habitants semblait devoir exclure toute scène de désordre, cet épisode de la révolution nous donne la mesure du bonheur, de la gloire et de la liberté que promettaient les soi-disant régénérateurs du monde. Ils avaient dit au peuple : les rois, les prêtres, les riches sont vos ennemis; courez sus aux palais, aux édifices et aux maisons somptueuses ! Et quand rois, prêtres et riches eurent disparu sous la hache du bourreau, les prisons s'ouvrirent pour le peuple, l'échafaud fonctionna pour le peuple; alors fut vraie l'égalité, mais l'égalité devant la mort, la misère et la servitude. Bientôt lasse des orgies et des saturnales de ses tyrans, la France appelait un sauveur, Dieu le lui envoya. L'apaisement se fit et de l'ensemble des institutions tombées, combinées d'éléments nouveaux, sortit un gouvernement qui replaçait la société dans les seules conditions où elle puisse vivre et prospérer, la religion et l'autorité.

(1) M. Bérard est mort curé de Malaucène, en 1841, à l'âge de 80 ans.

Bien qu'incomplètes et chargées de lacunes, ces annales d'un modeste bourg nous ont montré ce que firent pour Mollans les siècles écoulés; maintenant reste à le considérer au point de vue de sa situation actuelle et à voir ce qu'il a conservé des âges passés et ce qu'il tient des temps présents. En face de ce rapprochement, les petits-fils apprendront avec un légitime orgueil que l'héritage des aïeux n'a point été gaspillé, mais qu'il s'est enrichi de trésors dus à de nouvelles mœurs et à de nouveaux besoins.

Un instant chef-lieu de canton, puis vaincu dans une lutte d'intérêts rivaux qui lui enlève ses prérogatives, Mollans n'est plus aujourd'hui qu'une commune annexée au canton du Buis. Sa population est de mille cent quatre-vingt-quatorze habitants, dont la moitié est disséminée; quoique essentiellement agricole et demandant ses moyens d'existence à la culture du mûrier, de l'olivier, de la vigne et des céréales, elle n'est pas étrangère aux relations commerciales et industrielles; car une filature de cocons et des fabriques pour ouvrer la soie, lui communiquent une animation qui tranche avec les habitudes calmes et silencieuses de la vie champêtre. S'inspirant d'un patriotisme de tous compris, de tous secondé, alors même que des sacrifices onéreux sont au bout d'une amélioration, la municipalité travaille activement au développement du bien-être et complète les institutions et les œuvres d'utilité publique laissées par les précédentes administrations. L'hospice tenu par les religieuses du Saint-Sacrement, également vouées à l'éducation des filles, va être prochainement transféré dans un local spacieux qui pourra recevoir une salle d'asile, heureuse innovation dont les avantages feront bénir le nom de M. Aléa, maire actuel, et de tous ceux qui en auront ou pris l'initiative ou facilité la réalisation.

Mollans doit aussi à sa position topographique une extension certaine et assurée de ses intérêts matériels. Les routes de Nyons, du Buis, de Vaison et de Carpentras le mettent en rapport avec les Alpes, le Dauphiné, la Provence et le Comtat, et font de ses faubourgs un point de transit de jour en jour plus important.

L'intérieur de la vieille enceinte peut être envisagé comme un type de nos bourgs féodaux. Des maisons basses, des ouvertures et des portes empruntant à une pièce de bois ce qu'ailleurs elles demandent à la pierre de taille, des rues étroites, tortueuses et d'une viabilité suspecte, partout se révèle une grande pauvreté d'architecture et une ordonnance en opposition avec la forme et le confortable de nos modernes villages. Une maison seule étale des vestiges de luxe et d'opulence ; elle est située près du château, dans le quartier où s'élevait la chapelle de Saint-Estève. De dimensions petites, elle présente le caractère du style romanobysantin appliqué aux constructions civiles. Les colonnes de la cheminée et de la fenêtre sont un précieux spécimen digne de fixer l'attention des artistes et des antiquaires. Cette physionomie peu sensiblement altérée des habitations du moyen-âge, est encadrée, comme autrefois, dans une ceinture de remparts massifs dont l'aspect sévère ajoute aux émotions des souvenirs. Muets témoins des agitations qui, à diverses périodes, désolèrent la contrée, ils survivent aux bouleversements des empires, tout honteux du rôle inactif auquel les condamnent des générations moins remuantes et plus pacifiques. La position des anciennes portes se retrouve facilement ; la principale appelée *porte du Pont,* a été abattue, il est vrai ; mais sa tour de défense, tour sur laquelle est superposé le bâtiment de l'horloge, est là pour plaider en sa faveur et protester contre l'oubli et le dédain. Au-dessus du bourg et le dominant avec majesté, se dresse un donjon colosse, aujourd'hui ruine imposante de ce qui fit l'orgueil de la place et le suprême refuge des habitants forcés dans leurs murs. En présence de ce géant mutilé, l'imagination se réveille, et prenant son essor vers les âges écoulés, assiste calme, recueillie et subjuguée par un charme inconnu, aux événements, aux siéges et aux combats dont ce lieu solitaire et désert a souvent été le théâtre.

Pendant cette douce et mélancolique évocation

des grandeurs du passé, apparaissent errantes et plaintives les ombres des chevaliers et des seigneurs de Mollans. Barons de Mévouillon, Dauphins, Adhémar de Monteil, d'Urre, toutes les figures du moyen-âge, toutes les gloires évanouies rayonnent de nouveau et remplissent ces décombres de leur puissant éclat. Sont debout encore et très-élevés les murs qui composaient l'enceinte du château, renfermaient les magasins, les logements, les écuries; un pont-levis et divers ouvrages de fortifications les reliaient au donjon. Celui-ci a été démantelé, et malgré la chute de ses créneaux et de ses machicoulis se présente en un tel état de conservation que l'œil attentif peut reconnaître, avec ses détails les plus intimes, la disposition et les agencements intérieurs d'une forteresse des temps féodaux. Dans une salle immense que couvre une voûte heureusement protégée par une couche de terrain transporté, l'archéologue aperçoit des peintures murales, une cheminée de trois mètres de largeur, ornementée et sculptée avec goût; une porte au sommet trilobé et un massif d'architecture adossé contre les parois près de la croisée révèlent les motifs d'un style moins ancien. A peu de distance s'élevait autrefois le *fort supérieur*; nuls blocs de maçonnerie, nuls vestiges ne trahissent l'existence de la citadelle. La destruction a passé par là, et, sans la tradition, son emplacement nu serait vide de souvenirs, comme il est vide de ruines et de traces matérielles. Sentinelle avancée, toujours prête à signaler l'ennemi, le fort Châtelard n'a pu survivre aux guerres civiles; il en reste quelques débris gisants çà et là, et ces débris sont lettre close pour le pâtre et le bûcheron de la montagne.

Sous l'action du temps, sous l'action encore plus meurtrière de la main des hommes, parce que faibles et impuissants ils ont à leur service le pic et la mine, rien n'a échappé et aucune des œuvres monumentales qu'ont vues les aïeux, n'est parvenue jusqu'à nous entière et avec ses conditions primitives. L'antique église de Notre-Dame-de-la-Lauze ou de Saint-Marcel, patron secondaire a disparu vers la fin du dernier siècle. De proportions trop exiguës et d'ailleurs à moitié démolie par les huguenots, lors de leur domination à Mollans, elle appelait une réédification complète. On lui a substitué, non loin de l'emplacement qu'elle occupait (1), un nouveau bâtiment dont la première pierre fut posée en 1787; c'est l'église actuelle. Quoique construite en dehors des traditions de l'architecture religieuse, elle offre un ensemble harmonieux et d'une symétrie qui ne laisse rien à désirer. Un maître-autel en marbres variés et une chaire délicatement sculptée frappent les regards et constituent sa richesse au point de vue

---

(1) Le presbytère actuel.

artistique. Ces deux objets furent tirés de l'église
de Villeneuve-les-Avignon et achetés par le conseil
de fabrique, alors qu'un décret de proscription
était lancé contre les ordres monastiques. De chaque côté s'ouvrent trois chapelles dont l'élégant
arceau touche à la naissance de la voûte de la nef.
Toutes sont convenablement décorées ; les tableaux
et mêmes les peintures à fresque qui couvrent la
voûte du chœur dénotent une main magistrale. Un
œil-de-bœuf, puis au-dessous une porte carrée
d'un mauvais effet composent et résument la toi-
lette de la façade de l'église ; on le voit, l'architecte s'est souvenu de ces paroles : *Gloria filiæ
regis ab intus*. Mais un reflet du luxe intérieur
n'eut point été une superfétation. Le clocher porte
l'empreinte du même style et de la même époque ;
il lui manque un étage surmonté d'un toit pyra-
midal. Dépourvu de toute ornementation et d'une
construction vulgaire, il emprunte à son assiette,
par elle-même très-élevée, le droit de figurer à
part dans le tableau ; aussi, dominant les habitations voisines, il semble, en dépit de ses formes
modestes, revêtir un air empesé ; on dirait un
parvenu écrasant de sa sotte fierté les descendants
appauvris de familles illustres. Ses tons clairs, ses
couleurs jeunes et broyées d'hier ressortent avec
éclat de maisons et de rochers aux teintes noires
ou grisâtres.

Malgré les rudes épreuves auxquelles il a été

soumis, le sentiment religieux a conservé tout son empire à Mollans. On doit attribuer son triomphe sur l'indifférence ou sur les attaques de l'hérésie au zèle de ses curés et aux nombreuses congrégations qui existent dans la paroisse. Milices saintes toujours actives et toujours pleines de ferveur et d'enthousiasme, ces associations, ces confréries du Rosaire, des filles, des dames de la Miséricorde et autres sont comme le foyer où se réchauffe et se retrempe la piété. Les chapelles, toutes consacrées au culte d'un saint ou d'une sainte, servent de point de réunion pour des exercices fréquemment renouvelés. Celle de Sainte-Anne était autrefois le théâtre d'un usage aujourd'hui tombé. La confrérie de ce nom entrait en grand émoi, lorsqu'arrivait le 26 juillet, fête de la patronne vénérée. Il fallait un raisin blanc et un raisin noir en maturité ; on s'ingéniait à les trouver et on les appendait à la statue de sainte Anne. Les femmes enceintes attachant une heureuse délivrance à la posssession d'un de ses fruits, il y avait lutte de générosité et de convoitise. L'objet désiré appartenait à la plus offrante et souvent on était obligé de le diviser en plusieurs lots. Ces encans dans le lieu saint, cette affluence, cet empressement tournaient au profit du trésor de la confrérie, et grâce aux inspirations d'une foi tendre et naïve, la chapelle s'enrichissait de bouquets émaillés d'or et de quelque nouvelle parure éblouissant les regards.

« Toutes nos solennités ont chacune, à Mollans, leur entrain, leur pompe et leur splendeur, et cependant une fête semble les éclipser ; c'est celle du Jeudi-Saint. Vers le soir se déroule lentement une procession générale, mosaïque vivante et assemblage pittoresque de costumes et de couleurs les plus variés sur lesquels se reflète la lueur des torches et des flambeaux. Les rues sont illuminées à *Giorno*, et chaque façade brille des feux de mille petits lampions disposé en figures imitant, ici une croix, là un ciboire ; plus loin ce sont d'autres emblèmes où se révèlent les élans de la piété. Ces touchantes manifestations du catholicisme se perpétuent d'année en année, et quelle qu'en soit la forme, car elles varient selon les circonstances, elles sont toujours favorisées du concours de l'autorité municipale, qui voit un gage de paix, de concorde et de sécurité intérieure dans ces anniversaires et ces grandes journées marquées du sceau d'une religion pour laquelle il n'y a ni vaincus ni vainqueurs.

Un instant aliénée pendant la Révolution, l'église des Pénitents a été rendue à sa destination primitive. Elle ne présente aucun intérêt architectural ; cependant l'intérieur est pourvu d'une décoration qui n'est pas sans luxe. La balustrade et le plafond de la tribune sortent des œuvres vulgaires ; contre les parois des murs, dans toute l'étendue de la nef, s'adosse une boiserie régulièrement découpée en panneaux; le retable de l'autel est d'une bonne exécution, quoique donnant prise à la critique au point de vue des détails. Quatre colonnes à chapiteau corinthien supportent un fronton triangulaire de proportions trop mesquines; sous l'entablement est un tableau représentant Notre-Dame-de-Pitié en des conditions qui le signalent aux amis de l'art.

Devant les exigences du confortable moderne, est tombé, hors de l'enceinte, un monument dont le principal mérite était une haute antiquité. Le pont au tablier étroit et à la voûte surélevée est devenu, après diverses modifications, ce que nous le voyons depuis 1851. Quelques voix ont crié au vandalisme; mais les voiturins, de leurs acclamations chaleureuses, ont étouffé et couvert les timides anathèmes lancés contre le progrès. Trait d'union entre Mollans et le faubourg, ce pont témoigne des ressources fécondes du génie national et communique au paysage un attrait qui captive et séduit.

Lorsqu'il arrive par l'avenue de Nyons, le voyageur se sent pris tout-à-coup d'un charme secret. Ce donjon, noble demeurant d'un autre âge, ces murailles découronnées comme la puissance qu'elles symbolisaient; ce clocher, emblème d'une autre puissance qui survit aux révolutions sociales; cette tour de l'horloge, ces maisons s'étageant en un amphithéâtre, dont le dernier gradin paraît suspendu sur la rivière, ce viaduc élégant et facile, ce mélange de ruines et de verdure, de rochers abruptes et d'habitations, tout cela frappe et saisit vivement l'étranger en quête d'émotions et de spectacles grandioses.

Les souvenirs religieux, la beauté des sites, la variété des accidents de terrain appellent aussi dans le territoire de Mollans, le dessinateur, le naturaliste et le pélerin. Il y a çà et là de poétiques oratoires à visiter, des décombres à explorer, des légendes à recueillir. De nombreuses haltes coupent cet itinéraire à travers les vallons, et chacune apporte à l'esprit et au cœur ce doux rafraîchissement, ce suave repos que vainement on demanderait au bruit et aux agitations du monde. A l'entrée du pont un petit édifice y attire d'abord l'attention; le pignon à jour qui s'élève au-dessus en forme de clocher bannit toute idée profane et un bas-relief placé sous le fronton de la porte dit hautement sa destination; c'est la chapelle de Notre-Dame-de-Compassion. Elle a été bâtie en 1852 et occupe l'emplacement de celle qui avait été construite en 1728. Demi-circulaire et reposant tout entière sur un cul-de-lampe en pierres de taille; elle ressemble à une tourelle flanquée contre un rempart; au pittoresque de sa position, on a voulu joindre l'élégance et la richesse des matériaux; aussi, peu d'oratoires lui disputent sa prééminence et sa supériorité. Quand un chrétien agonise et va passer de vie à trépas, la cloche de la chapelle retentit, et au son du glas funèbre, la population accourt, s'agenouille devant l'image de la patronne du pays et prie en faveur du moribond.

Sur la route de Nyons et assez près du bourg, on remarque une seconde chapelle également de construction récente, dédiée sous le vocable de Saint-Marcel. Vers elle depuis 1841, époque de sa fondation, converge l'intérêt puissant qui s'attachait à une autre chapelle de Saint-Marcel édifiée non loin de là pendant le moyen-âge. Les ruines qu'on découvre en fouillant le sol tout autour, la forme de son abside et de ses ouvertures, le revêtement en pierres de taille tant à l'intérieur qu'à l'extérieur, tout nous rappelle l'ancienne annexe de Saint-Pierre de Thoulourenc. Les bâtiments claustraux furent détruits par les huguenots; seule resta l'église dont l'entretien reposait sur les revenus d'un champ contigu planté d'oliviers. Mais elle fut aliénée avec son unique fonds dotal en 1792 et livrée à des usages profanes. On la voit encore aujourd'hui et l'appareil dont s'est servi l'architecte lui garantit une durée que n'atteindront pas des constructions postérieures de plusieurs siècles. Lassé de nombreuses tentatives faites sans succès pour récupérer ce legs des âges de foi, M. Goudard, curé de Mollans, a offert à la dévotion des fidèles un autre oratoire consacrant le même quartier et destiné à perpétuer le souvenir de l'antique chapelle de Saint-Marcel. Aux bords de l'Ouvèze et sur le vieux chemin, de belles ruines trahisssent l'existence d'un monument qu'il est difficile de classer. On aperçoit des murs épais et une voûte à moitié tombée ; cette partie était évidemment souterraine et l'étage supérieur a disparu, en sorte qu'aujourd'hui rien ne dépasse le niveau du sol. Les eaux de la rivière se sont rapprochées de ces énormes blocs de maçonnerie, derniers vestiges d'une église carlovingienne ou d'un château, jouant maintenant le rôle d'un puissant éperon contre lequel se brisent des flots en courroux.

Entre l'Ouvèze et le torrent d'Aigues-Marse se développe, solitaire et rétrécie, une petite vallée appelée *Combe de Saint-Martin*. Là florissait le monastère donné en 1111 par Rostaing, évêque de Vaison, à l'abbaye de Saint-Victor de Marseille. Le fanatisme et la haine des hérétiques ont soufflé sur ce lieu et de la tranquille habitation des cénobites, rien n'est debout. Le nom de Saint-Martin attaché à cet agreste vallon résumerait exclusivement l'histoire de l'établissement évanoui, si des tombeaux en briques ou en pierres ne se révélaient au touriste, contemporains du monastère, pour en attester l'existence.

Les témoignages de la piété des aïeux et de celle des descendants éclatent plus nombreux encore par delà l'Ouvèze. Le mouvement religieux qui, aux premiers jours de la féodalité, donnait un peuple aux déserts et aux forêts pour les défricher et les cultiver, s'abattit là aussi et les bords du Thoulourenc ont conservé les vestiges des œuvres qu'il inspira. Le vandalisme a touché de sa main impie et sacrilége la chapelle de Saint-Joseph, debout, il y a à peine un siècle, dans le faubourg près du pont; sa tâche a été si bien remplie qu'il a fallu la découverte d'une pierre tumulaire pour en signaler la position. La mémoire des vieillards et les archives de la paroisse combattent seules un oubli devenu facile en l'absence de toute trace matérielle. Sous le pavé de cette chapelle était le caveau funéraire des Morenas, famille ancienne et dont les membres ont successivement travaillé à la gloire et au bien-être du pays par leurs charges et plus encore par leurs libéralités.

Non loin et sur la route de Malaucène apparaît la chapelle de Notre-Dame des Lumières, grande et solennelle station des processions de Pâques et de l'Assomption. Une voûte et des fenêtres ogivales, des murs blanchis et divisés par des arceaux à tiers-point, donnent au petit sanctuaire de Marie un cachet d'élégance qui tend à élever l'âme et à la placer en une sphère de recueillement et de repos.

Quoique brûlée par les Calvinistes, la chapelle de Saint-André ne fut point abandonnée; longtemps ses ruines, aux jours des Rogations, virent venir à elles une foule pieuse sollicitant de doux rayons et de tièdes ondées par l'assistance du bienheureux apôtre qu'elle invoquait avec ferveur. La solitude environne maintenant ce coteau autrefois couronné d'une gothique chapelle ; l'herbe couvre le sentier des pèlerins et l'archéologue attiré par le prestige des souvenirs n'a devant lui, pour les interroger, que d'informes débris. Même silence, même tristesse et même néant au bas de la colline, là où fut le prieuré de Saint-Pierre. Qu'est devenue la colonie des Bénédictins ? Pourquoi de leur église, de leur cloître et de leur riche établissement, ne voyons-nous que de rares vestiges ? Pourquoi ? Il faut le demander aux passions haineuses, aux troubles du seizième siècle et aux envahissements de l'agriculture. En creusant ce sol bénit et consacré, en remuant ce je ne sais quoi, mélange de la poussière des morts et de la poussière du monument, on trouva, il y a quelques années, un sarcophage en plomb, des couteaux de pierre, des vases, des médailles et autres objets d'une haute antiquité. Cette précieuse découverte est un éclair au milieu de la nuit des âges ; mais la clarté qui en jaillit nous permet-elle d'entrevoir et l'origine du prieuré et la nature des faits antérieurement accomplis ?

Derrière la montagne de Blaye s'élevait autrefois la tour des Ribaud, gentilhommière ou maison forte dont les annales sont inconnues. Plus loin et sur les bords du Thoulourenc gisent obscures et cachées d'autres ruines ; elles rappellent le couvent de Sainte-Marie de Vaux (1). L'asile des filles de Saint-Benoît n'existe plus depuis trois cents ans et cependant la tradition, ce livre du peuple, redit encore comme un faible écho, leurs vertus et leurs malheurs. Une bande de Huguenots s'avançait dévastant les abbayes, les églises et massacrant prêtres et moines ; avertis de sa marche incendiaire vers le quartier de Vaux, les religieuses fuient en grande hâte dans les bois et, colombes effrayées à l'approche du cruel vautour, demandent un abri aux anfractuosités d'un rocher presque inaccessible. Le chemin qu'elles parcoururent pour gagner cette retraite sûre et ignorée, était étroit et périlleux ; le pâtre, étonné de leur courageuse hardiesse, ne désigna ce dangereux passage que par le nom de *chemin des religieuses*. Les saintes recluses échappèrent ainsi aux tortures, à la mort et à la pendaison ; mais leur monastère fut pillé et renversé de fond en comble par une soldatesque ivre de sang et furieuse d'avoir manqué sa proie. Quand arriva l'apaisement des discordes, cette belle et fertile vallée en deuil de son couvent et de son église, fut dotée d'un nouveau sanctuaire sous le vocable de Notre-Dame de la

---

(1) *De Valle* et non *de Vitulis*, comme le suppose l'orthographe moderne.

Blanche. Une légende va nous enseigner les circonstances merveilleuses qui accompagnèrent la fondation de cet oratoire sur les lieux mêmes où s'était abattue l'hérésie aux prises avec les dogmes et les legs des âges chrétiens.

Pierre d'Urre, châtelain de Mollans, avait obtenu de Guillaume Cheisolme, évêque de Vaison, l'autorisation de faire servir à la construction d'une métairie les restes du couvent de Sainte-Marie de Vaux, s'engageant à élever en même temps une chapelle qui devait lier le présent au passé, en glorifiant le culte de la mère de Dieu. La villa fut promptement achevée et la mort surprit d'Urre avant qu'il n'eût posé la première pierre du monument sacré. En 1640, une jeune fille appelée Louise Landone est envoyée à la métairie seigneuriale pour vaquer à divers travaux indiqués par ses parents, tenanciers des d'Urre. Tout-à-coup Pierre d'Urre se montre à elle, avec un visage couvert de poussière et le corps enveloppé d'un linceul en lambeaux; grand fut l'effroi de la pauvre bergère et grande aussi fut la stupeur de son père; car il savait que le puissant et illustre seigneur était mort depuis dix-huit ans. Cette vision eut lieu le treize du mois d'octobre, et se renouvela souvent jusqu'au seizième jour de novembre. L'échappé des tombeaux laissait voir à l'enfant saisie d'épouvante mêmes traits consternés, même aspect repoussant. Le noble trépassé avait l'âme en peine et chaque fois qu'il apparaissait, soit hors de la villa, soit aux fenêtres de l'habitation rurale, il suppliait et conjurait Louise Landone, lui demandant qu'on élevât au plus tôt la chapelle de Sainte-Marie, afin de le tirer des feux du purgatoire où il était condamné à rester jusqu'à l'entier accomplissement de sa promesse. Comme on ajoutait peu de foi aux récits de la dépositaire de ses abjurations, il menaça de brûler cette métairie dont il expiait, au milieu des flammes dévorantes, la trop empressée construction. Une mortalité soudaine frappa d'abord les bêtes de somme, puis le menu bétail; elle ne cessa de ravager le troupeau que lorsque sur l'avis de Joseph-Marie Suarez, évêque de Vaison, on eut mis la main à l'œuvre (1).

Les habitants de la paroisse de Vaux ont conservé l'habitude de se faire inhumer autour de la chapelle de Notre-Dame de la Blanche. Cet usage rappelle un fait oublié; c'est qu'ils changèrent autrefois leur domicile en transportant leurs demeures sur le Comtat pour y jouir de plus amples immunités.

Toute parfumée de poésie, la chapelle de Notre-Dame des Anges évoque également un mystère; mais ici point de fantôme sorti du cercueil, point d'apparitions d'outre-tombe. C'est la reine du ciel, cette douce figure rayonnante d'amour et de misé-

---

(1) *De rebus episcop. Vas.*, par Columbi, 414.

ricorde, qui manifeste aux fidèles le lieu où elle veut être honorée, le lieu où elle veut bénir et consoler. Le long d'un chemin serpentant à travers les champs, puis cotoyant à mi-flanc de la montagne les bords du Thoulourenc, entre des bouquets d'arbres de Judée, de genêts et de chênes verts, se dressaient d'espace en espace treize oratoires aux proportions d'une guérite, surmontée d'une croix et n'ayant pour décoration qu'une niche encadrant un tableau religieux dont le sujet était emprunté aux circonstances de la Passion ou aux événements qui glorifient la bienheureuse Vierge Marie. Les habitants, presque tous animés de la ferveur des premiers chrétiens, aimaient à parcourir cette voie sacrée et commençaient leur pélerinage à la chapelle de Notre-Dame des Lumières, répétant le rosaire à chaque halte.

Ces treize stations, élevées en 1739 par les soins des Pénitents de Mollans, marquaient le chemin de l'ermitage et tenaient en éveil la piété des fidèles que pouvaient distraire ou lasser les aspérités d'un sentier couvert de pierres aiguës ou la vue d'une gorge rétrécie encaissant le fougueux torrent. Il en reste encore trois ou quatre, mais délaissées et condamnées à subir le sort des autres, en un avenir prochain. Quant à l'origine même de ce sanctuaire qui avait provoqué l'établissement de ces stations, voici la légende explicative. Pour réconforter l'âme et dissiper de secrètes terreurs, une image de Marie avait été placée en ce lieu désert, et le pâtre et le chevrier et l'étranger ne passaient point sans invoquer la madone du Thoulourenc. Un jour, au grand ébahissement des tenanciers appelés à hanter ce défilé, la niche parut vide et l'objet vénéré manquait.... On s'agite, on crie à la profanation, on dénonce un acte sacrilége.... Enfin le tableau est retrouvé, appendu à un rocher voisin taillé à pic et dominant le torrent ; il fut replacé et l'émotion s'apaisa. Le même fait se reproduisit plusieurs fois ; l'image était de nouveau fixée sur le roc, et malgré la surveillance et malgré les mesures prises à l'encontre de la supercherie, le transport continuait et pas un être ayant chair et os n'avait été aperçu. Le bruit de ce prodige circula de bouche en bouche, de paroisse en paroisse, et se souvenant du mot des Croisés, nos aïeux s'exclamèrent : *Dieu le veut! Dieu le veut!* Le rocher du miracle fut bientôt livré à des ouvriers qui y construisirent une chapelle sous le vocable de Notre-Dame des Anges. Elle fut enrichie de l'indulgence de la *portioncule*, selon le témoignage constant de la tradition, et le deuxième jour du mois d'août, fête patronale, régnait en ce lieu une grande animation. L'affluence augmentant d'année en année, le sanctuaire de Marie reçut un plus grand développement en 1680. Couvert d'ex-voto et de dons variés accusant tous des bienfaits obtenus, l'intérieur formait comme un livre où se lisait la protection de Notre-Dame des Anges et la gratitude de ceux qu'elle avait secourus.

La présence d'un religieux ermite avait ajouté, dès l'an 1666, à la popularité et au renom dont jouissait au loin cet oratoire. Un frère de l'ordre des ermites de Saint-Jean-Baptiste, récemment fondé en France, Louis Tonnard, frappé du caractère de ce site et trouvant là ce recueillement et ces aspects sauvages que demande la vie érémitique, résolut d'y planter sa tente pour édifier, consoler et garder à la fois le béni sanctuaire. Il acheta deux fonds de terre et construisit une cellule adossée aux murs de la chapelle. L'anachorète mourut ; mais sa demeure et le champ où il puisait des ressources pour son entretien passèrent à des successeurs, religieux du même institut. Une tunique, une cuculle et un manteau de couleur blanche avec un scapulaire noir et une ceinture de cuir composaient le vêtement des ermites de Saint-Jean-Baptiste. Après la révolution la fabrique s'est empressée de racheter la chapelle laissant l'ermitage encore aujourd'hui debout et les fonds qui lui étaient annexés à l'acquéreur des biens nationaux. Aux tourmentes de l'état social a survécu la dévotion à Notre-Dame des Anges, et le dimanche et la fête du deuxième jour d'août témoignent du même concours et révèlent les mêmes élans de piété (1).

(1) Archives de la fabrique.

Autour de cette chapelle bâtie dans une anfractuosité de la montagne et suspendue sur un abîme planent le silence et la mort. Point de végétation ; on ne voit que roches nues dont le fond gris et monotone s'émaille de maigres arbrisseaux. Devant cette nature en deuil, l'âme se replie sur elle-même et ses pensées empruntent au spectacle de ce lieu déshérité, un je ne sais quoi qui la dispose à la prière et à la rêverie. Là-bas, à une grande profondeur, le Thoulourenc roule ses flots de cascade en cascade et en voix grondante et la rapidité de sa course sont pour l'esprit méditatif autant d'enseignements qui se mêlent aux enseignements du désert.

Le prieuré de Saint-Michel a joué un grand rôle dans les annales de la paroisse ; car ses prieurs, durant près de quatre siècles remplirent successivement les fonctions curiales de concert avec le titulaire de Notre-Dame de la Lauze (1). Dévasté par les Huguenots, il était tombé en un état de délabrement qui affligeait les regards, lorsque Pierre d'Urre laissa par testament une somme de trois cents livres pour subvenir aux réparations de l'église. Le mauvais vouloir des héritiers du noble défunt retarda l'exécution du pieux projet. En 1759 seulement furent terminés les travaux ; un

(1) Une maison appelée prieuré atteste sa résidence dans le bourg, près de l'église.

distique gravé sur l'édifice retrace les phases que traversa cette ancienne église maintenant réduite et amoindrie :

Straverat impia gens, pietas reparavit avorum.
Moxque labans stat nunc, posteritatis opus.
Die maii XII. M DCC LIX.

Une race impie l'avait abattue, la piété des aïeux la releva.
De nouveau elle menaçait ruine, maintenant elle est debout,
ouvrage de la postérité.
12 mai 1759.

En 1786, s'accomplit l'union du prieuré de Saint-Michel à l'église paroissiale, sous messire François Maurin, à l'initiative duquel fut prise cette mesure. Au passé, se rattachent le caveau de sépulture de la famille d'Urre et un fragment de boiserie ornant le fond de la chapelle. Il représente saint Michel tenant une épée flamboyante de la main droite et de la gauche un bouclier ; aux pieds du glorieux Archange, s'agite Lucifer frémissant de rage et se tordant de désespoir. Quoique dépouillé des splendeurs et de l'animation que lui avait faites le moyen-âge, ce lieu est demeuré cher aux fidèles ; ils y viennent avec empressement le premier jour des Rogations et le 29 du mois de septembre, fête de saint Michel.

Aux bords du torrent, sur la colline et le carrefour des chemins ruraux, au fond des vallées, partout dans le territoire de Mollans, la religion avait empreint son sceau, et, à l'aspect de ces croix, de ces chapelles, de ces images des patrons, venaient des pensées d'espérance et de résignation au cœur du pâtre, du tenancier et du laboureur. De tout côté lui arrivait une voix qui disait : Courage ! aujourd'hui les labeurs, demain le repos, demain les ébats et une sainte allégresse. Les solennités du culte catholique brisaient la monotonie du travail, et leur retour fréquent apportait au foyer un bonheur que ne donneront jamais les jouissances de la taverne, ni le culte du veau d'or et des appétits sensuels.

Considéré au point de vue des accidents de terrain, des propriétés du sol, des curiosités naturelles, Mollans présente un intérêt qui ne saurait être relevé avec détail dans un aperçu avant tout historique. Je me bornerai à signaler une source d'eau minérale sulfureuse, plusieurs fontaines salées fluant aux pieds du mont Soutein, des fossiles variés et en grand nombre, puis la célèbre grotte de la Baume. L'illustration, qui naît de la valeur militaire, des qualités de l'esprit et du cœur et de hautes fonctions, n'a point fait défaut à Mollans. Longue serait la liste des citoyens dont la vie a honoré le pays natal; mais à côté des Consolin, des Morenas et des Ginoux, étoiles d'où s'échappaient de bienfaisants rayons, l'histoire place un nom d'une triste célébrité. Joseph-Fiacre-Olivier Gérente a vu le jour à Mollans; il fut membre de la Convention, du Conseil des Anciens, du Tribunat et de la Chambre des représentants.

NOTE BIOGRAPHIQUE SUR LES CONSOLIN.

Les Consolin, originaires de Provence, étaient depuis longtemps établis à Mollans, lorsque le capitaine Constantin Consolin mourut sur la brèche au siége de 1589. Cette famille a fourni encore des hommes illustres à divers points de vue. Dans leurs rangs figure Jean-François Consolin, né en 1719 et mort à Paris en 1788. Appelé de bonne heure à l'état ecclésiastique, J.-F. Consolin fut successivement vicaire à Mirabel-en-Baronies, à Saint-Denis, curé à Ville-Thierri, diocèse de Sens, puis chanoine de Sainte-Opportune à Paris. Durant son séjour à Saint-Denis, les dames carmélites de cette ville apprécièrent hautement ses vertus et ses talents, et quand, en 1770, Louise de France, fille de Louis XV, fut venue leur demander une cellule et une robe de bure, elle choisit pour son aumônier l'abbé Consolin, alors chanoine de Sainte-Opportune. Cette princesse reçut, avec le voile, le nom de sœur Thérèse de Saint-Augustin et mourut en odeur de sainteté dans l'année 1787. Elle légua au pieux directeur de sa conscience deux objets précieux dont la valeur historique et artistique ne saurait être méconnue ; le premier est une montre à cinq cadrans disposés en forme de croix. L'un, celui du centre, indique les heures; les autres représentent ou le jour du mois, ou les douze signes du zodiaque, ou le lever et le coucher du soleil, ou les quartiers de la lune. Cette montre, unique peut-être en son genre, est montée sur cuivre jaune et est sortie des ateliers du fameux Adamson, horloger suédois. Louis XVI, respectant le vœu de pauvreté qu'avait fait sa tante, ne pouvait lui offrir un plus royal cadeau. La chaîne est en fer et la clé, également dépourvue de toute richesse, porte d'un côté l'image de Louis XVI et de l'autre celle de Marie-Antoinette. Le deuxième souvenir laissé à M. Consolin est une tabatière sur laquelle est sculpté le portrait de Louise de France. Ces monuments de la gratitude d'une Carmélite, fille et tante d'un roi, sont aujourd'hui entre les mains des petits-neveux du célèbre aumônier.

FIN.

Valence, Imprimerie E. MARC AUREL, rue de l'Université, 9.

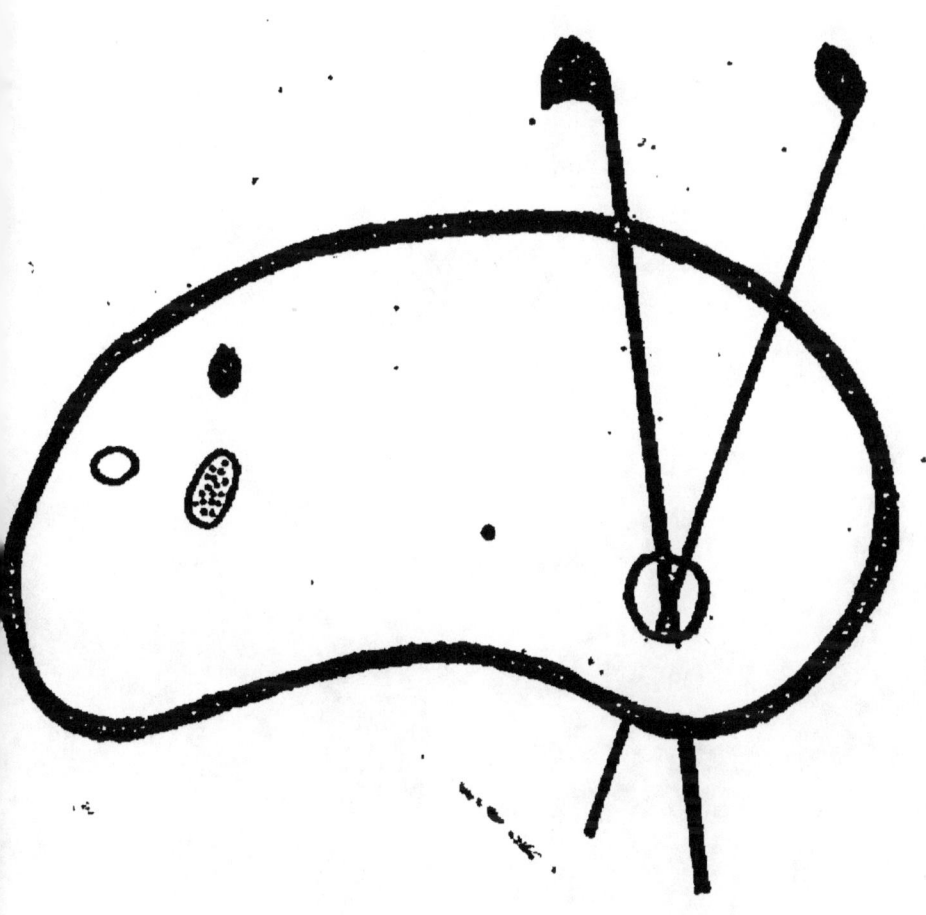

ORIGINAL EN COULEUR
N° Z 43-120-8

www.ingramcontent.com/pod-product-compliance
Lightning Source LLC
Chambersburg PA
CBHW070530100426
42743CB00010B/2028